아버지께 드리는 편지
Brief an den Vater

국립중앙도서관 출판예정도서목록(CIP)

아버지께 드리는 편지 / 지은이: 프란츠 카프카 ;
옮긴이 : 박환덕. -- 파주 : 범우, 2018 p. ; cm

원표제 : Brief an den vater
원저자명 : Franz Kafka
연보수록
독일어 원작을 한국어로 번역
ISBN 978-89-6365-240-5 03850 : ₩10000

독일 소설[獨逸小說]

853-KDC6
833.912-DDC23   CIP2018014296

아버지께 드리는 편지
Brief an den Vater

프란츠 카프카 지음 | **박환덕** 옮김

차례

이 책을 읽는 분에게　　7

아버지께 드리는 편지　　11

연 보　　142

이 책을 읽는 분에게

프란츠 카프카는 1883년 7월 프라하에서 태어났으며, 1942년 6월 비인 교외의 한 요양원에서 생을 마감했다. 그의 생애는 외면상으로는 극히 평범한 일생이었다. 유태계 상인이었던 헤르만과 그의 부인 율리에 사이에서 장남으로 태어났으며, 독일계 김나지움을 졸업한 후 프라하 대학에서 법률학을 전공하였다. 1906년 법학박사 학위를 취득한 후 노동자재해보험국에 관리로 취직하였으나 1922년 폐결핵이 발병, 2년 후인 24년에 41세로 생을 마쳤다.

그는 세 차례 약혼을 하고 파혼했는데 그중 두 차례는 펠리채 바우어와였고 다른 한 번은 율리에 보리체크와였다. 다른 여인과의 관계, 이를테면 밀레나 예젠스카와의 교제(1920~22년), 도라 디아만트와의 짧지만 행복한 결합(1923~24년) 등 두세 연애사건을 제외하면 외면상 아무런 파란이 없는 평범한 일생이었다.

그러나 내면으로는 극히 불행한 고뇌의 41년이었다. 그는 유태인으로 태어났으나 소위 민족으로서의 강인한 존재를 의연히 이어온 동방 유태인, 즉 전통 유태인이 아닌 유럽화한 서방 유태인에 속했다. 그러나 유태인으로 태어난만큼 기독교 세계에는 영원히 속할 수 없었다. 카프카는 독일어 사용자로서 체코인은 아니었고, 독일어를 사용했다 해서 보헤미아계 독일인도 아니었으며 보헤미아 태생이라고 해서 오스트리아에 속하지도 않았다. 한편 그는 노동자재해보험국의 관리였으니 일반 서민 계급은 아니었으며, 공장주의 가문에서 태어났으니 노동자 계급도 아니었다. 그는 스스로를 작가로 자처한 만큼 철저한 관리도 아니었고, 자신의 힘을 아버지가 관리하는 가정에 쏟았으니 완전한 의미에 있어서의 작가도 아니었다.

카프카는 많은 세계에 조금씩 속하면서 그 어느 것에도 완전히 속하지 않는, 태어나면서부터의 '이방인'이었다. 그것이 바로 그의 숙명적인 탄생이었으며, 그는 일생 동안 이 상처에 시달렸다.

존재한다는 것은 어느 한 세계에 소속하는 것을 의미한다. 어떠한 세계에도 소속하지 않는 것은 존재가 아니다. '세계'라고 하는 좌표에 소속하고 있는 한에 있어서 비로소 존재는 수치를 갖게 된다. 카프카의 경우에는 어느 세계에도 소속할 수 없는 이방인이라고 하는, 즉 존재를 상실하고 있는 원죄를 걸머지고 태어났다. 그의 전 생애의 고뇌와 노력은 어떻게 하면 세계 안으로 들어갈 수 있으며 세계에 소속할 것인가, 즉 어떻게 하면 존재의 수치를 얻을 것인가 하는 점에 쏠려 있었다.

카프카는 20편 이상의 중단편들을 발표했는데 〈변신〉, 〈선고〉, 〈유형지에서〉 등은 그의 대표적인 중편들이다. 이 책에 수록된 〈아버지께 드리는 편지〉는 유고집으로서 《시골에서의 혼례 준비 및 기타 유고 산문》(1953년)에 실린 서간체 소설 작품이다. 이 작품을 읽으면 카프카의 작품세계를 이해하는데 크게 도움이 될 것이라 확신한다.

- 편집부

사랑하는 아버님*제가 아버님을 무서워하는 것은 도대체 무슨 까닭이냐고 아버님은 최근에 저에게 물으셨습니다. 저는 다른 때와 마찬가지로 아무런 대답도 드릴 수가 없었습니다. 그것은 역시 제가 아버님을 무서워하고 있기

---

* 프란츠 카프카는 이 편지를 1919년 11월 리보호(보헤미아) 근처의 슐레지엔에서 썼다. 이 편지는 수신인에게 끝내 전해지지 못했으며, 따라서 편지로서의 기능을 끝내는 달성하지 못했기 때문에—이 점에 관한 상세한 내용은 본인의 저서《카프카 평전(評傳)》제 1 장을 참조하기 바람—나는 이 작품을〈카프카 서간집〉속에 담지 않고 그의 문학 작품집 속에 수록했다. 이 작품에서는 그가 매우 큰 규모의 종합적인 자서전 비슷한 것을 시도했음을 알 수 있다. 원고는 카프카가 직접 타이프라이터로 쳤고 펜으로 정정했다. 대형 타이프 용지에 44 페이지 4 분의 1 의 분량이며, 각 페이지는 평균 34 행이다. 45 페이지째는 대부분이 공백이다. 원고는 글 도중에서 끊겨 '당신은 생활 무능력자입니다. 하지만 그것을 당신에게 …… 하기 위하여'라는 말에서 그치고 있으나, 결말의 두 페이지 반이 좀 더 작은 크기의 용지에 펜으로 씌어져 있으므로 텍스트에는 결여된 문장이 없다(주는 막스 브로트에 의한 것임).

때문이기도 했고, 또 그 기분을 설명하자면 여러 가지 사소한 점을 언급하지 않으면 안 되겠고, 또 이야기를 하면서는 그것을 정리하기가 어려울 것 같기 때문이었습니다. 그래서 저는 지금 아버님께 편지로 대답을 드리려는 것입니다. 그러나 역시 제 뜻을 다하지 못할 것만 같습니다. 왜냐하면 이렇게 쓰고 있는 지금도, 그 결과에 대한 공포가 당신에 대한 저의 기분을 저해하고 있으며, 그 소재의 광범위함은 저의 기억력과 이해력을 훨씬 초월하고 있기 때문입니다.

아버님께서 보시기에 모든 사정은 언제나 지극히 간단했습니다. 적어도 아버님께서 저를 상대로, 혹은 닥치는 대로 다른 이를 붙잡고서 이 문제를 의논하실 때에는 언제나 그랬습니다. 아버님 생각은 대체로 이런 것 같았습니다. '나는 일생 동안 열심히 일했다. 자식들을 위해서 특히 너를 위해서 모든 것을 희생했다. 그 덕으로 너는 호화롭게 방종한 삶을 살아왔다. 무슨 일이든지 네가 배우고 싶은 대로 공부할 수가 있었다. 하루 세 끼의 식사도 걱정할 필요가 없었으므로 결국 무엇 하나 고생할 일이 없었다. 나는 그에 대한 보상으로 감사를 요구하지 않았다. 그러나 나는 '자식들의 효도'라는 말은 알고 있다. 그런데 적어도 무엇인가 고마워하는 마음이나 동감의 표시는 있어야 할 터인데, 너는 그 대신에 도리어 나로부터 도망쳐서는 너의 방으로, 너의 책의 세계로, 미친놈들 같은 친구들에게로, 당치도 않은 공상(空想)의 나라로 가 버렸다. 너는 나와 흉금을 털어놓고 이야기를 나눈 적이 없다. 내가 나가는 교회에도 나간 적이 없다. 내가 프란첸스바트로 온천 치료를 하러 갔을 때에도 너는 병 문안을 오지 않았다. 그 외의 일에 있어서도 아버지와 자식이라는 느낌을 가져 본 일이 없다. 사업에 관한 일이며 그 외의 내 용무에 대해서 너는 눈도 돌리지 않았다. 공장 일에 대해서도 나에게 떠맡긴 채 전혀 상관하지 않았다. 누이 오틀라*의 방종을 너는 응원해 주었다. 나를 위해서는 손가락 하나 까딱하지 않으면서 — 극장 입장권조차도 가져오지 않는다 — 친구들을 위해서라면 무슨 짓이든 했다.'

---

*프란츠 카프카의 세 명의 누이동생 중에서 제일 막냇동생. 똑같이 이 편지에 등장하는 그 위로 두 명의 누이는 엘리와 발리이다. 엘리는 1910년 카를 헤르만과, 발리는 1913년 요제프 폴라크와, 오틀라는 1920년 요제프 다비드 박사와 결혼했다. 세 명의 누이동생이 모두(이 가족의 다른 많은 친척들과 함께) 제 2 차 세계대전 중에 학살당했기 때문에 내가 〈카프카 평전〉을 발표했던 1937년에는 이 편지를 발췌해서 인용할 수밖에 없었는데, 그런 사정은 이제는 소멸되었다. 그리하여 이 편지의 이번 판(版)에는 어떠한 삭제도 어떠한 변경도 가해지지 않았다. 다만 구두점만은 때로 조금씩 보완하였다.

이상과 같은 저에 대한 아버님의 판단을 요약하면, 아버님은 저의 부당한 짓이나 악의에 찬 짓을 비난하고 있는 것이 아니라 ― 저의 이번 결혼 문제에 대해서는 어쩌면 예외이겠지만 ― 저의 냉담함과 무미 건조함과 망은(忘恩)에 대하여 비난하고 계십니다. 더군다나 당신의 비난을 듣고 있으면, 이것은 모두 제가 나빴기 때문이며, 제가 조금만 마음을 돌렸어도 사태는 일변했을 것이라고 말하고 계십니다. 제게 너무나도 잘해 주었다는 것을 제외하곤 아버님에겐 조금도 책임이 없으시다는 내용입니다.

이러한 아버님의 틀에 박힌 설명은, 우리 두 사람의 서먹서먹한 관계에 대해 아버님이 전혀 책임이 없다는 것을 제가 인정하는 경우에 한해서만 정당한 것이라고 저는 생각합니다. 그러나 역시 마찬가지로 제 탓도 아닙니다. 만약 제가 아버님께서 그것을 인정하시도록 할 수만 있다면 ― 그럴 경우에 하나의 새로운 생활이 가능하다고 말씀드리는 것은 아닙니다. 그러기에는 우리 두 사람은 너무 나이를 먹었습니다. 하지만 그럴 경우 일종의 평화는 찾아오는 것이 아닐까요. 당신의 끊임없는 잔소리가 설령 그치지는 않는다 해도 다소 부드러워지지는 않을까요.

  재미있는 것은 제가 무슨 말을 하려고 하는지 당신께서 짐작하고 계시다는 것입니다. 이를테면 지난번에도 이렇게 말씀하셨지요. "나는 언제나 너를 사랑하였다. 비록 보통 다른 아비들처럼 겉으로 나타내는 태도로써 너를 대하지는 못했지만, 나는 다른 사람들처럼 허풍을 칠 수가 없었던 것이다."

  그런데 아버님, 저는 언제나 저에 대한 당신의 호의를 의심해 본 적은 없습니다만 그 말씀은 틀렸다고 생각합니다. 당신께서 허풍을 치시지 못한다는 것은 저도 잘 알고 있습니다. 그러나 단지 이 이유만으로 다른 아버지들이 허풍을 치고 있다고 주장하는 것은 더 이상 논할 여지가 없는 독선에 지나지 않든가 아니면 — 제 생각으로는 그것이 틀림없다고 생각됩니다만 — 우리 부자 사이가 원만하지 못하다는 것, 그리고 아버님의 책임은 아니지만 그 원인의 반은 아버님께 있다는 사실을 완곡하게 표현한 것에 지나지 않습니다. 아버님께서 진심으로 그렇게 생각해 주신다면 우리들의 의견은 일치된 것입니다.

  물론 제가 이런 인간이 된 것은 오직 아버님의 영향 때문이라고 하는 것은 아닙니다. 그것은 대단한 과장이 될 것입니다 — 저에게는 이런 식으로 과장하는 버릇이 있습니다 — 제가 당신의 영향을 전혀 받지 않고 성장했다 할지라도 당신의 마음에 드는 인간이 되지 못했으리라는 것은 있을 수 있는 가정입니다. 어떻든 저는 역시 마음이 약하고 소심하고 결단력이 없으며 침착하지 못한 인간이 되었을 것입니다. 로베르트 카프카도 카를 헤르만도 되지는 않았겠죠. 하지만 현재의 저와는 전혀 다른 인간이 되어 우리는 사이 좋게 지낼 수 있지 않았을까 하고 생각합니다.

아버님이 친구였다면, 사장이었다면, 아저씨였다면, 조부(祖父)였다면, 아니 이를테면 — 벌써 저는 겁을 먹고 말하고 있습니다만 — 장인(丈人)이기라도 했다면 저는 행복했을 것입니다. 단지 아버지로서는, 아버님은 저에게 너무 강하셨습니다. 제 동생들은 어렸을 때에 죽었고, 누이동생들은 훨씬 늦게 태어났기 때문에 더욱 견딜 수가 없었습니다. 저는 아버님의 최초의 일격을 혼자서 막아내지 않으면 안 되었습니다. 게다가 저는 너무나도 연약하였습니다.

우리 두 사람을 비교해 보겠습니다. 극히 간단하게 표현한다면 저는 카프카 가문의 몸속에 뢰비★ 가문의 피가

★ 카프카의 어머니(율리에 카프카, 친정 성(姓)은 뢰비)는 뢰비가(家) 출신이다. 이 가계(家系)의 특히 심령적(心靈的)인, 때로는 기인(奇人)으로 착각할 정도의 성격에 대해서는 본인의 저서 《카프카 평전》을 참조하기 바람.

카프카 아버지
헤르만 카프카

카프카 어머니
율리에 게브 뢰비

섞인 사람입니다. 그런데 저의 행동은 카프카적인 생활욕, 사업욕, 정복욕 때문이 아니라 뢰비적인 자극에 의해서인 것 같습니다. 이 자극은 훨씬 비밀스럽고 소심하게 다른 방향으로 작용하며, 때로는 완전히 멈춰 버리는 일도 있습니다. 그와 반대로 아버님은 강인한 체력으로 보나 건강 상태로 보나 식욕으로 보나 성량(聲量)으로 보나 웅변의 재능으로 보나 자기 만족의 정도로 보나 세상을 내려다보는 태도로 보나 인내력으로 보나 침착성으로 보나 세정(世情)에 밝은 태도로 보나 어떤 종류의 선의 굵기로 보나 바로 카프카가(家)에 어울리는 인물입니다. 물론 이러한 장점에 따라다니는 단점이나 약점도 갖추고 있어서, 아버님께서는 감정을 흥분시키거나 화를 벌컥 내시기라도 하면, 그러한 약점 속으로 빠져들어 버립니다.

어쩌면 일반적인 사물을 보는 아버님의 눈은 전혀 카프카적이 아닐지도 모릅니다. 아버님을 필립 아저씨나 루드비히 아저씨, 하인리히 아저씨(필립〔Philipp〕, 루드비히〔Ludwig〕, 하인리히〔Heinrich〕는 카프카의 아버지 헤르만 카프카〔Hermann Kafka〕의 3형제들이다)와 비교해 보면 그런 생각이 듭니다. 우스운 일입니다만, 저로서도 잘 모르겠습니다. 하지만 아저씨들은 모두 아버님보다는 쾌활하고 씩씩하고 마음이 느긋하고 낙천적이어서 아버님만큼 엄격해 보이지는 않았습니다 — 저는 이 점에 있어서 아버님으로부터 많은 유전(遺傳)을 받아 그 유산을 너무나도 훌륭하게 관리해 온 것입니다. 그러면서도 아버님에게 필적할 만한 것을 제 자신의 본질 속에 지니지 못하고 있는 것 또한 사실입니다 — 하지만 뒤집어서 생각하면 아버님께서는 이 점에 있어서 갖가지 시대를 편력하셨습니다. 아버님의 자식들, 특히 제가 아버님을 실망시키고 가정을 답답하게 만들기 전까지는 아버님도 좀더 쾌활하셨을지 모릅니다 — 다른 사람들이 찾아오면 당신께서는 딴사람처럼 되셨습니다 —. 지금은 어쩌면 누이 발리까지 포함시켜서 당신 자식들이 주지 못했던 따뜻한 정을 손자나 사위들에게서 다소나마 받으면서 다시 쾌활해지셨는지도 모르겠습니다.

어찌 되었든 우리는 너무나도 차이점이 많으며 그 차이나는 방법 또한 매우 위험합니다. 그러니까 저와 같은 발달이 늦은 아이와 아버님과 같은 완성된 어른과의 관계가 어떻게 될 것인가 미리 생각하여 판정이라도 했다면, 아버님은 저를 짓밟아 제게는 아무것도 남지 않았으리라고 생각하실 수도 있었겠죠. 그런데 그렇게는 되지 않았습니다. 인생은 예측할 수가 없습니다. 오히려 더욱 심한 일이 생겼다고나 할까요. 거듭 부탁드립니다만 제가 이렇게 말한다 해서 아버님 쪽에 모든 책임이 있다고 하는 생각은 털끝만큼도 갖고 있지 않다는 것을 부디 잊지 말아 주십시오. 아버님께서 저에게 영향을 끼치신 것은 어쩔 수 없는 일이었습니다. 다만 제가 이 영향에 굴복한 것은, 제가 특별히 악의에 차 있었기 때문이라고 생각하지는 말아 주시기 바랍니다.

저는 소심한 어린아이였습니다. 그리고 어딘지 어린아이다운 고집스러운 점도 있었습니다. 어머니께서 저를 응석받이로 만드신 것은 사실입니다만 제가 특별히 다루기 힘든 아이였다고는 생각하지 않습니다. 아버님께서 정답게 말을 걸어 주고 살짝 손을 잡아 주고 부드러운 눈길로 쳐다보아 주기만 했어도 다른 사람의 말이라곤 전혀 받아들이지 않는 그런 아이가 되지는 않았을 겁니다. 아버님께서는 본래 친절하고 정다우신 분입니다 — 다음에 이야기하는 것이 이 사실과 모순되지는 않을 것으로 생각합니다. 저는 아버님께서 어떤 영향을 자식에게 주었느냐 하는, 그 나타난 현상만을 말하고 있으니까요 — 그러나 모든 어린아이가 다른 사람의 친절을 받게 될 때까지 끈

질기게 견디어 내는 인내력이나 대담성을 갖고 있다고는 말할 수 없습니다. 아버님의 자식을 다루는 솜씨는 아버님의 성질 그대로 완력을 휘두르고 큰소리로 고함을 질러 화를 내는 것뿐입니다. 더군다나 이런 경우 아버님은 저를 씩씩하고 건강한 소년으로 키우기 위해 그러한 방법은 매우 당연한 것이라고 마음먹고 계셨던 것입니다.

제가 아주 어렸을 때, 버릇을 가르치던 아버님의 방법이 어떠했는지는 ― 지금에 와서는 물론 직접 표현할 수는 없지만 ― 후년(後年)에 쓰시던 방법과 페릭스*를 다루시던 방법에 미루어 대체적으로 짐작은 갑니다. 그 시절의 아버님께서는 지금보다도 훨씬 젊으셨으므로 더욱 원기가 있으셨고 활달하고 야성적이셨으며 거침이 없으셨을 것입니다. 게다가 오로지 장사에만 몰두하여 제게 모습을 나타내는 것은 하루에 한 번 정도였겠지요. 그 때문에 더욱 강렬한 인상을 저에게 주셨고 그것에 익숙해져서 태연해질 수도 없는 것이었으므로, 틀림없이 맹렬했을 것이라고 생각되어집니다.

어렸을 때의 기억으로서 제가 분명히 기억하고 있는 것은 다음과 같은 사건뿐입니다. 아버님께서도 기억하고

★ 페릭스 헤르만은 카프카의 누이 엘리의 아들. 그도 역시 학살당했다.

계실는지 모르겠습니다. 어느 날 밤의 일인데 저는 물이 먹고 싶다고 계속 울어대고 있었습니다. 특별히 목이 마른 것은 아니었고, 단지 누군가를 화나게 하고 싶은, 또는 저의 기분을 달래고 싶은 생각이었던 것 같습니다. 몇 번인가 심하게 꾸짖어도 소용없다는 것을 알자 아버님은 저를 침대에서 끌어내려 마루*로 안고 나가서는 문을 닫고 저를 혼자 샤쓰 바람으로 잠시 세워 두셨습니다. 저는 그것이 잘못되었다고 말하는 것이 아닙니다. 그때 그 외의 다른 방법으로는 밤의 고요를 회복할 수 없었을는지도 모릅니다. 그러나 저는 그것으로 아버님의 교육 방법과 그 교육 방법이 제게 미친 작용을 특징짓고 싶은 것입니다. 저는 그 후로 아주 얌전해진 모양입니다만 그로 인하여 저는 마음의 상처를 받은 것입니다. 특별한 의미 없이 물을 달라고 애원하는 것은 그 나이의 저로서는 당연한 일이었으며 그 일이 곧바로 마루로 끌려 나가는, 뭐라고 말할 수 없는 무서움과 연결지어진다는 것은 저로서는 결코 상상할 수 없는 일이었습니다. 그로부터 몇 해가

---

* 마루(die Pawlatsche)라는 말은 체코어에서 유래한 것으로서 긴 발코니를 의미한다. 그것은 오래된 프라하의 가정집에서 뒤뜰 쪽으로 길게 나 있으며 대부분 여러 집이 함께 사용한다(우리나라의 마루와 유사함).

지난 후에도 거인 같은 남자가, 즉 아버님이 — 그것은 최후의 판단이기도 한데 — 별 이유도 없이 나타나서는 밤중에 나를 침대에서 긴 마루로 떠메고 나갈지도 모른다는 무서운 생각에 괴로워하곤 하였습니다. 그것은 결국 제가 아버님에게 그처럼 가치 없는 존재라는 말도 되는 것입니다.

그 무렵의 일은 오직 시작에 불과합니다. 그러나 제가 곧잘 자신이 가치 없는 존재라는 기분 — 물론 다른 견해에서 본다면 고귀하고 풍요로운 기분입니다만 — 에 사로잡히는 것은 겹겹으로 아버님의 영향에 기인하고 있는 것입니다. 저는 약간이나마 격려를 해주고 정답게 대해주고 저의 길을 약간 열어 주기를 바랐던 것입니다. 그런데 아버님은 저의 길을 비뚤어지게 했습니다. 물론 저에게 다른 길을 가도록 하려는 선의에서 나온 것이었습니다만, 저에게는 그 길이 적합하지 않았습니다.

예를 들면 제가 절도있게 경례를 하거나 씩씩하게 행진을 하면 아버님께서는 저를 격려해 주셨습니다. 그렇지만 저는 별로 군인이 되고 싶은 생각은 없었습니다. 그리고 제가 음식을 탐스럽게 먹거나 곁들여서 맥주까지 마시거나 하면, 혹은 제가 내용도 모르는 노래를 흥얼거리

5세때 카프카

거나 아버님의 특유한 말솜씨를 흉내내면, 아버님께서는 저를 격려해 주셨습니다. 그리고 오늘날에도 아버님께서 무슨 일로 저를 매우 격려해 주시는 경우는 아버님 자신이 공감을 느끼시거나 저 때문에 상처를 입거나 — 예를 들면 결혼 의사로 — 혹은 제가 상처를 입거나 — 예를 들면 페파*가 제게 욕을 할 때 — 하는 당신의 자존심과 관계되는 경우라는 것은 매우 재미있는 일입니다. 그런 때에 저는 격려를 받게 되고 저의 가치를 실감하게 되고 제가 할 권리가 있는 승부를 지적당하게 되며 페파는 철저하게 비난을 받게 됩니다. 그러나 지금 저의 나이로서는 치켜세운다고 해서 넘어가지 않는 것이 당연하지만 이것이 별문제라 하더라도, 저에게 직접적으로 관계가 없을 때에만 부추겨지는 것이 저에게 얼마만큼의 도움이 되는 것일까요.

그 무렵에야말로 또 그 무렵이라면 어떤 경우에도 격려의 말을 듣고 싶었던 것입니다. 저는 아버님의 체격에 의해서만도 압도당하고 있었으니까요. 이를테면 지금도 분명하게 기억하고 있습니다만, 우리는 곧잘 선실(船室)에서 함께 벌거벗은 일이 있었습니다. 저는 여위고 가냘프

★ 카프카의 누이동생인 발리의 남편 요제프 폴라크.

고 홀쭉했는데 아버님께서는 건장하고 크고 체격이 좋으셨습니다. 탈의실에 있을 때 저는 이미 초라한 기분이 되었습니다. 그것도 아버님께 대해서만이 아니라 사회 전체에 대하여 그런 기분이 드는 것이었습니다. 왜냐하면 저에게 있어서 아버님은 모든 일을 판단하는 기준이었으니까요. 그런데 다음에 우리가 선실에서 여러 사람 앞으로 나오면 빈약한 골격을 가진 저는 아버님 손에 매달려서 아주 불안스럽게 맨발로 갑판(甲板) 위로 올라갔습니다. 그러나 저는 물이 무서웠으므로, 아버님께서 저에게 수영 기술을 전수시키려는 것은 좋은 의미에서 나온 것이기는 하지만, 저에게는 심한 굴욕감을 주었기 때문에 당신의 수영 기술을 흉내낼 수가 없었습니다. 그럴 때에 저는 깊은 절망감에 휩싸여서 모든 방면의 혐오스러운 경험이 모조리 제게 몰려드는 것 같았습니다. 때로는 아버님이 먼저 옷을 갈아입고 나가시고 저만을 선실에 남겨 두시어 저는 사람들 속으로 나가는 굴욕을 지체시킬 수 있었는데, 그런 일이 저에게는 가장 기뻤던 것입니다. 그런데 아버님은 금방 살피러 오셔서는, 저를 선실에서 내쫓는 것이었습니다. 아버님은 저의 괴로운 상황을 눈치채지 못하신 것 같았는데, 그것은 다행스러운 일이었습

김나지움 입학때

니다. 아버님의 체격은 저에게도 자랑스러웠으니까요. 하지만 우리들 사이의 이러한 차이점은 오늘날에도 변함이 없습니다.

아버님의 정신적인 지배력도 육체적인 것에 상응한 것이었습니다. 본래 아버님은 스스로의 힘만으로 노력하여 성취하신 분입니다. 그 때문에 아버님은 자신의 의견에 절대적인 자신감을 갖고 계셨습니다. 그러나 그것은 어린 아이인 저의 생각으로는, 후에 청년으로 성장해 갈 때만큼도 훌륭한 것으로 여겨지지 않았습니다. 아버님은 팔걸이 의자에 앉은 채로 세계를 지배하고 계셨습니다. 아버님의 의견만이 옳고 다른 의견은 모두 틀렸고 과장되고 엉터리이고, 상식을 벗어난 것이었습니다. 이 점에 있어서의 아버님의 자신감은 대단한 것으로서 아버님의 말씀이 조리에 닿지 않아도 역시 옳다는 것에는 변함이 없었습니다. 또 아버님께서 어떤 사안(事案)에 대해서 아무런 의견도 갖고 있지 않았기 때문에 그 사안에 관하여 가질 수 있는 일체의 의견들은 예외 없이 모두 틀렸다고 결정을 내려 버리는 일도 있었습니다. 예를 들면 아버님은, 체코인을 공격하는가 하면 이번에는 독일인을 공격하고, 다음에는 유태인을 공격하는 곡예가 가능했습니다. 그것도 어떤 점만을 지적해서 말씀하신다면 또 몰라도, 이것저것 모두가 틀렸다고 말씀하셨습니다. 이렇게 해서 최후에는 아버님 외에는 누구 한 사람 남아 있지 않게 되어 버리는 것이었습니다. 아버님은 제게 있어서 모든 폭군이 갖는 수수께끼 같은 특성을 지니고 있었습니다. 폭군이 폭군인 근거는 그 인품에 기인하며 사상과는 관계가 없는 것입니다. 적어도 저에게는 그렇게 생각되었습니다.

그런데 아버님은 저를 향해서 정말 놀라울 정도로 일관되게 올바른 태도를 취하셨습니다. 좀처럼 대화를 가진 일이 없는 두 사람이었으니까 대화에서는 말할 것도 없고 현실의 행동에 있어서도 역시 그랬습니다. 하지만 그렇다고 해서 특별히 이상스러울 것은 없었습니다. 저는 모든 것을 생각하는 데 있어서 아버님의 심한 압박에 시달리고 있었으니까요. 아버님의 생각과 일치하지 않는 경우에는 더욱 그랬다고 말할 수 있겠지요. 아버님과는 관계가 없을 것이라고 여겨지는 생각조차 모두가 처음부터 아버님의 부정적(否定的)인 판단을 등에 업고 있었습니다. 어떠한 생각을 하든 철저하게 처음부터 끝까지 견디어 내는 것은 불가능한 일이었습니다. 제가 지금 이야기하고 있는 것은 그 어떤 고상한 사상에 대한 것이 아니라

누이동생 엘리와 발리, 그리고 10살때 카프카

제 어렸을 때의 사소한 생각에 대한 것입니다.

어떤 일로 매우 기쁜 나머지 부푼 가슴으로 집에 돌아와 그것을 입 밖에 내면, 그 대답은 비웃음이 섞인 한숨이거나 아니면 고개를 흔들거나 손가락으로 테이블을 두드리는 것이 상례였습니다. "그보다 더 훌륭한 것을 본 적이 있다"라든가 "너는 그것이 걱정이다"라든가 "내 머리는 그렇게 한가롭지가 않다"라든가 "그런 일은 아무래도 좋지 않느냐"라든가 "그렇겠지" 하는 등의 대답이었습니다. 물론 고생이 끊이지 않는 생활을 하고 계시는 아버님을 향해서 어린애 같은 일에 감격해 주십사고 말하는 것은 무리한 이야기입니다. 그런 것은 아무래도 좋았습니다. 문제는 오히려 당신의 대립적인 기질 탓으로 그러한 환멸이 어린아이에게 언제든지 원칙적으로 주어지지 않으면 안 되었다는 점입니다.

게다가 또 이러한 대립이 재료의 집적(集積)에 의하여 계속 강화되어 아버님이 종종 저와 의견을 같이 할 때에도 습관적으로 통용되게 되었다는 점, 어린아이의 환멸은 마침내는 세상의 일반적인 환멸이 아니라 도리어 일체의 기준이 되는 당신의 인품을 상대하는 이상 핵심에 접촉하는 것이 되었다는 점, 이러한 점에야말로 문제가 있었던 것입니다. 이런 저런 것에 대해서 용기도 결의도 확신도 기쁨도, 아버님이 반대하거나 반대가 예상될 뿐인 상황에서도 끝까지 지속되지 못하고 흐지부지되어 버리는 것이었습니다. 사실 또 제가 무슨 일을 하려고 해도 우선 아버님의 반대가 걱정되었던 것입니다.

생각에 대한 그러한 태도는 인간에 대해서도 마찬가지였습니다. 제가 어떤 사람에 대하여 약간의 관심을 갖기만 해도 — 제 성격상 그런 일이 자주 있었던 것은 아닙니다 — 아버님께서는 기다렸다는 듯이 제 기분은 생각지도 않을 뿐더러 제 판단도 존중하지 않고 우선 먼저 욕설과 비방과 독설을 늘어놓으며 간섭을 하셨습니다. 이를테면 유태인 배우 뢰비(동방 유태인 연극단의 배우로서 카프카에게 많은 영향을 주었음)처럼 순진하고 어린애 같은 사람까지도 그런 꼴을 당했습니다. 아버님은 그의 인품 같은 것은 알지도 못하면서 — 저는 이미 잊어버렸습니다만 — 무서운 어조로 그를 독충에 비유하셨습니다. 저에게 호의를 베푸는 사람들에 대해서는 아버님은 언제나 으레 개나 벼룩에 대한 속담★을 들고 나오셨습니다. 제가 그 배우에 대하여 지금 특별히 기억하고 있는 까닭은 당신께서 그 무

★ '개와 함께 자는 자는 벼룩과 함께 뛰어 일어난다'라는 속담을 일컬음.

렵 그에 대하여 말씀하신 다음과 같은 메모가 있기 때문입니다. '아버지는 전혀 알지도 못하는 내 친구에 대하여 그런 식으로 말씀하신다. 그 이유는 단지 그가 내 친구이기 때문이다. 아버지께서 나에게 효행이나 감사해 하는 마음이 부족하다고 비난하시면 나는 언제든지 이것을 반론으로 제기할 수 있다.'

언제나 저로서 이해가 가지 않는 것은 아버님 자신의 말이나 판단이 제게 얼마만큼의 고통과 수치심을 주었는가에 대하여 전혀 무감각하다는 점입니다. 마치 아버님 스스로가 자신의 힘을 잘 모르고 있는 것 같았습니다. 저도 때로는 심한 말을 해서 아버님을 노하게 만든 일이 있었습니다. 그러나 그 사실은 저 자신이 잘 알고 있습니다. 저 역시 괴로웠습니다만 가만히 참고 그 말을 삼켜 버릴 수가 없었던 것입니다. 말을 하고 있는 사이에도 벌써 후회를 하고 있었습니다. 그런데 아버님은 가차없이 독설을 퍼부었습니다. 상대방에 대해서는 조금도 생각해 주지 않으셨습니다. 말씀을 하고 계시는 동안에도 그렇고, 그 후에도 마찬가지였습니다. 아버님에 대해서는 어떻게 손을 쓸 수 없을 정도로 무방비 상태였습니다.

그런데 아버님의 교육 방법은 그런 것이었습니다. 아버

고등학교시절 카프카

님에게는 일종의 교육적인 재능이 있었다고 생각합니다. 아버님과 같은 성격의 사람에 대해서라면 아버님이 지닌 교육 방법도 분명히 잘 되었을 것입니다. 그러한 아이라면 아버님의 말씀에 일리가 있다는 것을 간파하고, 다른 일은 걱정하지 않고 말씀대로 정확히 따랐을 것입니다. 그런데 어렸을 때의 저에게는 아버님의 말씀이란 모두가 바로 하늘의 명령이었습니다. 저는 절대로 그것을 잊지 않았습니다. 그것은 세상일을 판단하는, 특히 아버님 자신을 판단하는 가장 중요한 실마리가 되었습니다. 그렇게 판단하면 아버님은 완전한 낙제였습니다.

어렸을 때에는 주로 식사 시간에만 한자리에 모였기 때문에 아버님의 훈육은 대개 식탁에서의 예절에 대한 것이었습니다. 차려 놓은 것은 모두 먹지 않으면 안 된다, 음식이 좋으니 나쁘니 해서는 안 된다 하는 것들이었습니다. 그런데도 아버님은 종종 이런 음식을 어떻게 먹을 수 있겠느냐고 소리치시곤 하셨습니다. 그때에 아버님께서는 이런 것은 "돼지나 먹을 것이다"라고 말씀하시기도 하고, "저 '개새끼'(가정부를 말함)가 이런 것을 만들었다"라고 말씀하시기도 했습니다. 아버님은 자신의 왕성한 식욕과 특별한 미각(味覺)에 따라서 무엇이든지 빠르고 맹렬하게 한입에 먹어 치웠기 때문에 어린아이는 급히 서둘지 않으면 안 되었습니다. 식탁에는 침울한 고요가 감돌았는데, 그것은 훈계에 의해서 깨뜨려집니다. "먼저 밥부터 먹어라. 이야기는 다음에 하고." "빨리 먹어라, 어서 빨리 먹어." "이것 봐라, 나는 벌써 다 먹었다." 이런 식이었습니다. 뼈는 씹어서는 안 되었습니다. 그렇다면 아버님께서도 그것을 지키셔야 했습니다. 잔을 입으로 빨아서는 안 되었습니다. 그렇다면 아버님께서도 입으로 빨지 않으셔야 했습니다. 중요한 것은 빵을 똑바로 써는 일이었습니다. 그런데 아버님 자신은 소스가 잔뜩 묻은 칼로 빵을 썰면서도 전혀 상관하지 않으셨습니다. 그리고 먹던 음식 부스러기가 바닥에 떨어지지 않도록 조심해야 된다고 말씀하시면서도 가장 많이 떨어져 있는 곳은 아버님 밑이었습니다. 식탁에서는 먹는 일에만 전념해야 될 터인데 아버님께서는 손톱을 자르거나 갈거나 연필을 깎거나 이쑤시개로 귀를 후비거나 하셨습니다. 아버님, 제가 하는 말을 오해하지 마십시오. 이러한 사소한 일은 그 자체만으로는 실로 사소한 이야기입니다. 그러나 이런 일이 저에게 괴로움을 준 것은 다른 이유에서가 아닙니다. 저에 대하여 그토록 절대적인 결정권을 갖고 계신 아버님께서 그러한 계율을 저에게 강요하시면서, 자신은 그것을 지키지 않았다는 사실 때문이었습니다.

그 결과로 제게는 세계가 세 부분으로 갈라져 보였습니다. 첫번째 세계에는 나라고 하는 노예가 살고 있었습니다. 저 한 사람만을 위하여 고안된 법률의 지배를 받고 있으면서도 웬일인지 이것이 완전히 지켜진 일이 없었습니다. 두번째 세계는 저의 세계로부터 무한히 떨어진 곳으로서 그곳에는 아버님께서 살고 계셨습니다. 아버님은 그곳을 통치하는 일에 열심이셨고 명령을 선포하고 그 명령의 불복종에 대한 분노 등으로 바쁘셨습니다. 마지막으로 세번째 세계입니다만 여기에서는 다른 사람들이 명령이나 복종 같은 것으로 인한 번거로움을 당하지 않고 행복하게 살고 있었습니다. 저는 어찌 되었든 굴욕 속에서 살고 있었습니다. 아버님의 명령을 따르는 것은 굴욕이었습니다. 그러한 명령은 저만을 상대로 했기 때문입니다. 그렇다고 해서 반항해 보았자 그것 역시 굴욕이었습니다. 왜냐하면 제게는 아버님께 반항할 도리조차 없었기 때문입니다. 그렇다고 해서 아버님만큼의 체력이나 식욕이나 재능은 갖고 있지 못하기 때문에 저는 아버님 명령대로 따를 수도 없었습니다. 그런데도 아버님께서는 마치 당연한 일인 것처럼 저에게 복종을 요구하셨습니다. 이것이야말로 분명히 최대의 굴욕이었습니다. 다만 그 당시에는 어린아이였으므로 분별력을 갖고 이런 식으로 골똘히 생각했던 것은 아니고 단지 그렇게 느끼고 있었을 뿐입니다.

그 무렵의 제 처지는 지금의 페릭스의 입장과 비교해 보면 좀더 확실해질지도 모릅니다. 물론 아버님은 그 아이를 저와 똑같이 다루고 계십니다. 특히 지나친 예의 범절을 가르치는 방법까지 똑같이 적용시키고 계십니다. 예를 들면 식사 때에 그 아이가 불결하다고 생각되는 행동을 하면 옛날 저를 향해서 말씀하신 것과 같은 "이 돼지야"만으로 부족하신지 다시 덧붙여 "헤르만과 꼭 같구나"라든가 "과연 그 아비에 그 자식이로구나"라고 말씀하십니다. 그런데 그런 말도 어쩌면 — '어쩌면' 이상의 말은 그 누구도 생각할 수가 없을 것입니다 — 당사자인 페릭스에게는 치명상이 되지 않을지도 모릅니다. 왜냐하면 그 아이에게 있어서 아버님은 물론 특별히 중요한 분이기는 하지만 한 분의 할아버지일 뿐 제게 있어서 그랬던 것처럼 전부는 아니기 때문입니다. 게다가 페릭스는 침착한 아이로서 지금은 벌써 어느 정도 남자다운 성격

고등학교 졸업때 카프카(18세)

을 드러내 보이고 있습니다. 우레 같은 목소리로 야단을 맞으면 다소 위축은 되겠지만 언제까지나 그렇지는 않을 것입니다. 왜냐하면 그 아이가 아버님과 만나는 것은 비교적 드문 일이기 때문입니다. 사실 그 아이는 여러 가지로 다른 영향도 받고 있고, 그 아이에게 아버님은 차라리 소중한 골동품 같은 존재로서 그 아이는 거기에서 무엇이든지 필요한 것만을 골라 낼 것입니다. 그러나 제게 있어서 아버님은 골동품 정도가 아니었습니다. 골라 낸다는 것은 생각할 수도 없는 일이었습니다. 무엇이든지 그대로 모조리 받아들이지 않을 수 없었습니다.

더군다나 반대 발언 같은 것은 생각할 수도 없는 일이었습니다. 아버님은 자신이 찬성하지 않는 일이나 자신이 먼저 말을 꺼내시지 않은 일에 대해서는 애당초 조용하게 말씀하시지 못하는 분이었습니다. 독재적인 성품이 그것을 허용하지 않는 것입니다. 근년에 이르러 아버님께서는 이것을 신경성 심장 질환 탓으로 여기고 계십니다. 그러나 아버님이 본질적으로 지금과 달랐었다고는 생각되지 않습니다. 여하튼 아버님께서 신경성 심장 질환이라는 것을 들고 나와 상대방으로 하여금 항변의 여지도 없게 만드는 것은 지배력을 더욱 엄격하게 휘두르기 위한 수

단입니다. 이것은 물론 비난은 아닙니다. 사실의 확인에 불과한 것입니다.

누이 오틀라의 경우를 예로 들면, "그애하고는 도무지 이야기가 안 돼. 그애는 곧바로 덤벼들거든" 하고 당신께서는 항상 말씀하고 계십니다. 그러나 사실을 말한다면 누이는 본시 덤벼들거나 하지는 않았습니다. 아버님께서는 일과 사람을 혼동하고 계십니다. 일에 한해서 누이는 아버님께 덤벼드는 것입니다. 아버님은 사람이 하는 말에는 귀도 기울이지 않고 눈앞의 상황에 대해서만 결단을 내려 버립니다. 시간이 지난 뒤에 그 일에 대해 설명을 하면 아버님은 더욱 흥분하실 뿐 결코 납득하시지를 않습니다. 오히려 아버님께 들을 수 있는 대답은 다음과 같은 말씀뿐입니다. "네가 좋을 대로 하면 된다. 너의 자유다. 너는 이미 제 구실을 할 수 있는 나이다. 아무것도 타이를 말이 없다." 그 저변에 깔려있는 노여움과 지독한 단죄의 무서운 쉰 목소리를 듣게 되는 것입니다. 지금의 제가 이것에 대해 어렸을 때만큼 겁을 내지 않게 된 것은 어린아이다운 철저한 죄악감이 다소 희박해져서, 우리 두 사람은 모두 어쩔 수 없는 존재가 되었다는 것을 알았기 때문입니다.

또한 생각해 보면 조용히 대화를 나눌 수 없었기 때문에 다음과 같은 결과가 생긴 것도 당연한 일이었습니다. 저는 이야기를 할 수 없게 되어 버렸습니다. 원래 웅변가가 될 자질은 없었습니다만 인간이 일상 사용하는 정도의 말이라면 저도 충분히 할 수 있었을 것입니다. 그런데 아버님은 처음부터 말을 금지시키셨습니다. "말대꾸하지 마라" 하는 위협과 함께 동시에 휘둘러지는 손은 예전부터 저에게 꼭 따라다니는 것이었습니다. 아버님 앞에만 나가면 — 아버님은 아버님 자신의 일에 한해서는 멋진 웅변가였습니다 — 말에 갈피를 잡을 수 없게 되어 버립니다. 그것마저 당신 편에서 보면 괘씸한 일이었으므로 결국 저는 입을 다물어 버린 것입니다. 처음에는 반항하는 기분에서 그랬는지도 모릅니다. 하지만 그 다음부터는 아버님 앞에만 나가면 생각하는 것도 말하는 것도 불가능해졌습니다. 더욱이 아버님은 저의 실질적 교육자였기 때문에 이 사실은 저의 생활에 있어서 여러 가지 면으로 영향을 끼쳤습니다. 제가 아버님이 하신 말씀을 들은 적이 없다고 생각하신다면 천부당 만부당한 일입니다. '매사에 언제나 반대'한다고 생각하시고 저를 책망하시지만 그런 일이 아버님에 대한 저의 생활 원칙이었던 적은 없었습니다. 당치도 않은 말씀입니다. 제가 좀더 순종치 않았더라면 아버님은 좀더 저에게 만족하셨을 것이 틀림없습니다. 도리어 아버님의 훈육방식은 모두 과녁을 꿰뚫었다고 말할 수 있습니다. 저는 조금도 아버님의 가르침의 손길을 피하지 않았습니다.

제가 이러한 인간이 된 것은 — 생명의 바탕과 작용은 물론 제외하고서 말입니다만 — 아버님의 훈육과 저의 복종의 성과입니다. 그러면서 이 성과가 아버님에게는 매우 괴롭게 생각된다는 것, 아니 아버님이 이것을 자신의 훈육의 성과로 인정하기를 무의식 중에 거부하고 계신다는 사실이야말로 당신이라는 손과 저라는 재료가 얼마나 인연이 멀었느냐 하는 것의 무엇보다도 중요한 증거가 되는 것입니다. 그러나 그 작용은 저에게는 너무나도 강렬했습니다. 저는 너무나 얌전해졌습니다. 완전히 입을 다물고 만 것입니다. 멀리 떨어져서 아버님의 힘이 최소한 제게 직접적으로 미치지 않게 되었을 때 비로소 어떻게든지 움직여 보겠다는 마음이 일었습니다. 그런데 아버님은 이걸 보시면서 또다시 '매사에 언제나 반대'한다고 생각하시는데 사실 이것은 당신의 강(強)함과 저의 약(弱)함에서 온 당연한 결과에 지나지 않았습니다.

대학시절 카프카

적어도 저에게 대해서는 겨냥이 빗나가지 않았던 웅변적인 훈육 수단 중에서 특별히 효과를 발휘한 것은 욕설과 위협과 야유와 심술궂은 웃음과 — 묘한 일입니다만 — 자기 한탄이었습니다.

아버님이 저에게 정면으로 노골적인 욕설을 퍼부은 기억은 저로서도 잘 생각나지 않습니다. 또 그럴 필요도 없었습니다. 달리 여러 가지 방법이 있었기 때문이지요. 그리고 집안에서의 대화며 특히 가게에서의 대화에서는 다른 사람들에 대한 욕설이 끝없이 저의 주위를 난무했기 때문에 소년 시절의 저는 귀머거리가 되어 버릴 지경이었습니다. 그리고 그때마다 저것은 나에게 하는 말이라는 생각이 들었습니다. 왜냐하면 아버님이 욕하는 그 사람들도 나만큼 어리석지 않다는 것을 알고 있었기 때문입니다. 아버님에게 그 사람들이 불만스러웠다 할지라도 저에 대한 것만큼 불만스럽지는 않았을 것입니다. 더욱이 이 경우에도 아버님의 불가사의한 무죄성(無罪性)과 신성 불가침성이 존재했습니다. 아버님은 아무런 거리낌없이 욕을 하시면서 다른 사람이 욕하는 것은 안 된다고 그것을 금지시켰던 것입니다.

아버님의 욕설의 효과를 강화시키는 것은 위협이었습

니다. 이 수단은 저에게도 사용되었습니다. 예를 들면 "생선처럼 토막내 버리겠다"라고 위협하시는 것이 저에게는 가장 소름 끼쳤습니다. 물론 그런 일이 일어나지 않는다는 것은 저도 알고 있었지만 — 어린아이였을 때에는 물론 그것도 모르고 있었습니다 — 그래도 아버님의 위력에 대한 두려움 때문에 그런 행동도 충분히 할 수 있으리라는 생각이 드는 것이었습니다. 또한 아버님이 아이를 붙잡기 위하여 큰소리를 지르면서 테이블 주위를 뛰어다니는 것도 저에게는 무서운 일이었습니다. 정말로 붙잡을 생각은 없으셨겠지만 그럴 것 같은 태도를 취하였기 때문에 결국은 어머님이 구원의 손길을 뻗치셔야 했었습니다. 어린아이의 눈에는 마치 아버님의 자비에 의하여 다시 한 번 생명을 부여받아 고마운 선물로서 그것이 계속 이어진다고 생각되는 것입니다. 시키는 말을 듣지 않았다고 위협하는 경우에도 이와 비슷합니다. 아버님의 마음에 들지 않는 일을 제가 하기 시작했다고 합시다. 그러면 아버님은 그런 일이 있을 법이나 하냐고 저를 위협하십니다. 그런데 당신의 의견에 대한 존경은 절대적인 것이므로 — 물론 약간 시간이 경과된 후의 일입니다만 — 그 일의 실패는 막을 수가 없는 것이 됩니다. 결국 저는 자신의 행동에 대한 자신감을 잃었습니다. 저는 우유부단하게 되었습니다. 장성함에 따라서 아버님으로부터 저의 무능력에 대한 증거로서 제시되는 재료는 점점 불어날 뿐이었습니다. 어떤 의미에서는 정말로 말씀하시는 대로 되어 갔습니다. 아버님만의 탓으로 그렇게 되었다고는 말하지 않도록 다시 한 번 조심을 하겠습니다. 전부터 있었던 것을 아버님은 강화시켰을 뿐입니다. 하여튼 아버님은 저에 대해서 대단한 힘을 갖고 계셨으며 그것을 유감없이 행사하셨기 때문에 강화시키는 방법이 너무 심했다는 소리를 듣게 되는 것입니다.

아버님이 특히 신뢰하신 것은 빗대어 말함으로써 교육의 효과를 높이는 것이었습니다. 이것은 저에게 대한 당신의 탁월성에 가장 어울리는 것이었습니다. 무엇인가 경고를 할 때에도 당신은 이런 식이었습니다. "너는 그런 일을 이런 식으로 할 순 없느냐? 어쩐지 감당하지 못할 것 같구나. 물론 시간도 없겠지만 말이야." 아버님께서는 이런 말을 할 때마다 기분 나쁜 미소와 심술궂은 얼굴 표정이 따라다닙니다. 실수를 했다고 깨닫기도 전에 벌을 받는 것과도 같았습니다. 그러나 제삼자로 취급당하고 심술궂은 말씀조차도 듣지 못하게 될 때에는 그런 질책까지도 오히려 격려가 되었습니다. 겉으로는 어머님께 말씀하시는 것 같으면서도 실은 옆에 있는 저에게 들려주시는 것이었습니다. 예를 들면 "그런 일을 물론 우리 아이에게 기대할 수는 없어요" 하는 식이었습니다. 그러나 그런 경우에는 오히려 역효과가 생기는 것이었습니다. 예를 들면 옆에 어머니가 계시는데 아버님에게 직접 여쭈어 보겠다는 기분이 감히 생기지 않았으며, 그 후로는 그것이 습관이 되어서 더 이상은 생각지도 않게 되었습니다. 아버님 옆에 앉아 계시는 어머님을 향해서 아버님에 대한 일을 여러 가지로 물어 보는 편이 자식인 저에게는 훨씬 위험이 적었습니다. "아버지는 좀 어떠세요?" 등으로 어머님께 질문을 하여 불의의 습격에서 몸을 지켰던 것입니다.

말할 것도 없이 아버님의 심한 야유에 쉽게 의기 투합해 버리는 일도 있었습니다. 즉 그 야유가 다른 사람에게 쏟아지는 경우에 말입니다. 이를테면 몇 년 동안이나 나와 사이가 안 좋던 둘째누이 엘리가 당할 때입니다. 누이동생의 식사 태도가 문제되었을 때 아버님이, "응, 테이블에서 10미터는 떨어져서 앉아야 할 거야, 뚱뚱보 계집애" 하고 말씀하시거나 애정이나 좋은 기분은 손톱 밑의 때만큼도 보이지 않은 채, 맹렬한 적의(敵意)를 보이며 누

법학박학위 취득 후
카프카 (23세)

이동생의 모습을 과장해서 흉내내려고 하실 때에는 저는 심술궂은 기쁨으로 몸이 오싹해질 지경이었습니다. 사실 누이동생의 그런 자세가 당신의 취향으로서는 견딜 수 없는 노릇이었겠지만 이런 일이 매일 되풀이됨으로써 당신이 얻으신 것이라곤 아무것도 없습니다. 제가 보기에 그렇게 된 것은 치솟는 노여움이나 심술의 양(量)이 그 대상 자체와 올바르게 균형을 이루지 못했기 때문이라고 생각합니다.

옆에서 지켜 본 바로 그 노여움은, 테이블에서 떨어져 앉았다는 하찮은 일에서 비롯된 것이 아니라 당신의 가슴 속엔 처음부터 존재하고 있었던 분노가 우연히 그 일을 빌미로 폭발한 것이라고 생각되었습니다. 빌미란 언제든지 적당한 장소에서 발견될 수 있는 것이기 때문에 특별히 조심하고 싶은 생각도 들지 않았을 것입니다. 게다가 그처럼 항상 위협을 당하고 있으면 둔감해지기도 하는 법입니다. 실제로 매를 맞지는 않을 것이라는 사실만이 점점 분명해졌습니다. 저는 성미가 까다롭고 불성실하고 반항적인 아이가 되었습니다. 대부분은 내면적인 의미에서이기는 하지만 언제나 도망칠 기회만 노리고 있었습니다. 이렇게 해서 아버님께서도 고민하시고 저희들도 고민했습니다. 아버님의 입장으로서는 무리도 아니었겠지만 이를 악물고 목구멍을 걸걸거리고 웃으면서 저에게 처음으로 지옥이란 이런 것임을 연상시켜 주시면서 화가 치민 듯이 말씀하셨습니다 — 얼마 전에 콘스탄티노플에서 편지가 왔을 때의 아버님의 모습입니다 — "이것이 사회란 것이다."

자식들에 대한 이러한 태도와는 전혀 상반되는 것 같습니다만 아버님께서는 곧잘 드러내 놓고 자기 한탄을 하셨습니다. 솔직하게 말씀드립니다만, 저는 어렸을 때 — 앞으로도 같겠지만 — 그런 일에는 전혀 둔감했으므로 아버님이 연민의 정을 바라고 계시리라고는 꿈에도 생각지 못했습니다. 어느 면으로 보아도 아버님은 항상 거인(巨人)다우셨는데, 저희들의 동정이나 조력이 아버님에게 무슨 도움이 되었겠습니까. 그런 것은 간단히 무시해 버릴만했지요. 저희들 자신을 항상 무시하고 계셨던 것과 똑같이. 그렇기 때문에 저로서는 한탄하시는 것이 믿어지지가 않았고 그 배후에 무엇인가 의도를 숨기고 있는 것이라고 생각했습니다. 자식의 일로 심히 고민하고 계시다는 것을 안 것은 훨씬 후의 일이었습니다. 그러나 그 무렵에는, 사정이 달라지면 어린애같이 개방적이고 무분별한,

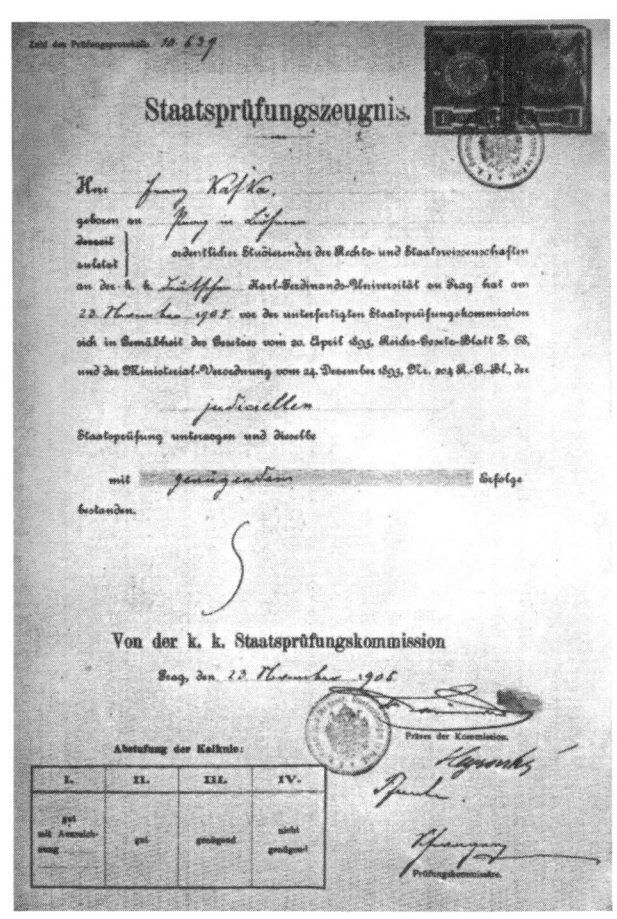

카프카가 받은 국가시험 합격 증명서 (1905년)

어떠한 조력도 싫어하지 않을 기분이셨는지도 모르는 아버님의 한탄이 제가 보기에는 또다시 지나치게 노골적인 교육 수단이나 억누르기 위한 수단으로밖에는 생각되지 않았습니다. 그래서 그것 자체로서는 별로 강력한 수단은 아니었습니다만 결국엔 해로운 부작용을 가져왔습니다. 우리는 이러한 상황에 익숙해짐에 따라 본래는 진지하게 받아들여야 할 일도 별로 대수롭지 않게 받아들이게 되었습니다.

그러나 다행스럽게도 예외는 있었습니다. 그것은 대개 아버님께서 잠자코 고민하고 계실 때입니다. 그런 때에 애정과 선의가 힘을 얻어서는 대립하고 있는 모든 것을 정복하고 상대방의 마음을 직접적으로 사로잡는 것이었습니다. 물론 그것은 드문 일이었지만 그만큼 더 멋있는 일이었습니다. 예를 들면 옛날 일입니다만 어느 무더운 여름날 오후, 아버님은 일에 지쳐서 책상에 팔꿈치를 괴고 졸고 계셨습니다. 그리고 또 어느 일요일에는 지칠 대로 지친 몸으로 우리가 피서하고 있던 곳까지 오신 일이 있었습니다. 어머니가 심한 병에 걸리셨을 때에는 아버님은 몸을 떨고 우시면서 책장을 끌어안고 계셨습니다. 제가 언젠가 앓아 누웠을 때에는 아버님께서 오틀라의 방에 가만히 다가와서는 문지방에 서서, 고개를 내밀고 누워 있는 저를 보시려고 하셨습니다. 그러나 저를 깨울까 염려하시어 단지 손으로만 인사를 하셨을 뿐입니다. 그런 일이 있었을 때에 저는 모로 돌아누워 기쁜 마음에 울어 버렸습니다. 그리고 지금 이 편지를 쓰면서 다시 한 번 울고 있습니다.

아버님의 조용하고 만족스러운 그리고 공감의 뜻을 전하려는 미소에는 다른 사람에게서는 좀처럼 찾아볼 수 없는 일종의 독특한 아름다움이 있어서 그 미소를 받은 사람은 더없이 행복해져 버립니다. 어렸을 때의 저에게 그와 같은 미소를 지으신 적이 있는지는 확실한 기억은 없습니다만, 그런 일이 분명 없진 않았겠죠. 아버님의 눈에 제가 아직 순진하게 비치고 아버님의 큰 희망이었을 무렵, 그 미소를 저에게 주지 않았을 리가 없을 테니까요. 그런데 그와 같은 온화한 인상도 시간이 흐르면서 저의 죄의식을 확대하고, 이 세상을 더욱 이해할 수 없게 만들 뿐이었습니다.

저는 구체적이고 영속적인 것에 매달렸습니다. 그것은 아버님께 나 자신을 주장하기 위한 것이었고 다소는 복수 비슷한 기분도 있었습니다. 제가 곧 시작한 일은 아버님한테서 사소한 우스꽝스런 점을 발견하게 되면 곧 그것을 관찰하고 수집하고 과장하는 일이었습니다. 예를 들면 대개는 외형상으로만 신분이 높은 사람들에게 아버님은 정신 없이 눈이 멀어 그 사람들의 소문을 끝없이 이야기하는 일이 있었습니다. 그들은 어떤 황실의 고문관과 같은 패거리들입니다 — 다른 각도에서 보면 아버지 자신의 가치에 대해서 그와 같은 시시한 보증이 필요하다고 생각하고 그런 패거리들과 모여 떠들어 대는 일이 저로서는 슬픈 일이기도 했습니다. — 그리고 또 제가 발견한 아버님의 취미는 상스런 말을 될 수 있는 대로 큰 목소리로 내뱉는 일이었습니다. 그리고 무엇인가 특별히 좋은 말이라도 한 것처럼 웃으시는데 그것은 참으로 무가치하고 보잘것없는 무례함일 뿐이었습니다 — 동시에 그것은 저로 하여금 정신을 잃게 하는 당신 자신의 생활력의 표명이기도 했습니다. — 물론 이런 종류의 일은 얼마든지 관찰할 수 있었습니다. 덕분에 저는 즐거웠습니다. 재미있고 신나게 나날을 보냈던 것입니다. 때로는 아버님께서 그 사실을 깨닫고 기분을 상하신 일도 있었습니다. 아버님은 그것을 악의에 차 있다느니 존경심이 부족하다느니 하는 식으로 받아들이셨습니다. 그러나 사실을 말씀드리자면, 그것은 저에게 있어서 어찌 되었든 아무 도움도 되지 않는 자기 보존의 수단에 불과했습니다. 그것은 장난이긴 했지만 하여튼 신(神)이나 제왕들에 대해 하고 싶었던 장난이었습니다. 가장 깊은 존경과 결부되어 있을 뿐 아니라 그 존경에 속해 있기라도 한 듯한 장난이었습니다.

하지만 아버님께서도 또한 저에 대한 당신의 유사한 상황에 대응해서 일종의 대항책을 강구하셨습니다. 저의 환경이 얼마나 좋은가, 제가 얼마나 훌륭한 몸으로 키워졌는가, 그것을 입버릇처럼 지적하셨습니다. 그 점은 아버님 말씀 그대로입니다. 그러나 애써 이룩한 그 일도 사정이 이렇게 되고 보면 본질적인 측면에서 저에게 도움이 되었다고는 생각할 수 없습니다.

어머님이 저에게 무한히 좋은 분이셨다는 것은 사실입니다. 그러나 그분도 아버님과의 연관 속에 있었습니다. 그것은 결코 좋은 연관은 아니었습니다. 어머니는 자신도 모르게 사냥 때의 몰이꾼 역할을 떠맡고 계셨습니다. 쉽사리 생각할 수 없는 일입니다만 아버님의 교육이 반항과 혐오와 증오까지도 가져오게 함으로써 제 자신이 스스로 일어설 수 있는 인간으로 만들었다고 가정합시다.

그런 경우에도 어머님은 그처럼 온화한 분이셨으므로 사리를 따져서 이야기하고 — 유년 시절의 혼돈 속에서는 어머니야말로 이성(理性)의 원형이었습니다 — 애원해서 일을 수습하셨을 것입니다. 그렇게 해서 저는 다시 아버님의 영향권 안으로 되돌려 보내졌습니다. 그렇지 않았으면 저는 그곳을 깨뜨리고 빠져 나왔을지도 모릅니다. 그 편이 아버님을 위해서도 저를 위해서도 다행스러웠을 것입니다. 어머니가 아버님으로부터 저를 몰래 감싸 주거나 무엇이든 몰래 슬쩍 건네 주거나 보호해 주거나 하는 것은 오히려 아버지와의 참다운 화해를 방해하는 것이었습니다. 어머니가 저에게 그러시고나면 저는 또 아버님 앞에 꿇어앉아서는 눈치를 보게 되고 사기꾼이 되고 죄인의 의식을 가지게 되는 것입니다. 그리고 저는 허무감 때문에 당연히 자신의 권리로 볼 수 있는 것에 도달하는 데도 샛길로 다닐 수밖에 없는 결과가 되었을 것입니다. 샛길로 다니면서, 자신이 생각해 보아도 아무런 권리가 없는 것을 찾는 일에 습관이 되어 버렸을 것입니다. 이것이 또한 죄의식을 확대하게 만드는 것입니다.

아버님이 저를 때린 일이 한번도 없었던 것은 사실입니다. 하지만 큰 소리를 치고 얼굴을 뻘겋게 붉히고 멜빵을 풀어서 그것을 의자 팔걸이에 거는 것은 저로서는 더욱 못 견딜 일이었습니다. 마치 교수형이라도 집행당하는 꼴이었습니다. 정말로 목을 졸리우면 그것으로 죽어 버리니까 만사가 끝납니다. 그런데 사형에 처해지기까지의 만반의 준비를 똑똑히 지켜 보고 목을 맬 밧줄이 눈앞에 매달린 후에 비로소 사면을 통고받는다면, 평생토록 그것으로 인해 시달림을 당하게 됩니다. 게다가 아버님의 분명한 설명에 따르면, 제가 태형(笞刑)을 당해 마땅한데 아버님의 자비로서 겨우 모면되었다는 것입니다. 그것이 여러 번 거듭될수록 저의 죄의식은 더더욱 깊어졌습니다. 저는 모든 면에서 아버님의 은혜를 입게 된 것입니다.

옛날부터 아버님은 저를 꾸짖으면서 — 저 혼자 있을 때뿐 아니라 다른 사람 앞에서도 그랬습니다. 후자의 경우, 그것이 저의 자존심을 상하게 한다는 것을 조금도 이해해 주시지 않았습니다. 자식들의 일이면 언제나 공공연하게 드러내 놓고 하셨습니다 — 아버님께서 하시는 일 덕택으로 무엇 하나 부족함이 없이 안정되어, 자유스럽게 풍족한 생활을 하고 있다는 것을 저에 대한 질책의 말로 하셨습니다. 저는 그때의 말씀을 기억하고 있으며 그것은 분명하게 저의 뇌리에 뚜렷이 새겨져 있습니다. "나는 7

년 동안이나 이 마을에서 저 마을로 수레를 밀고 돌아다녀야만 했다." "온 집안이 모두 단칸방에서 자야만 했었다." "감자라도 먹을 수 있으면 다행이었다." "여러 해 동안을 겨울 옷이 부족해서 다리의 상처를 드러내 놓고 있었다." "어렸을 때 이미 나는 피제크로 일을 하러 가야만 했다." "집에서는 동전 한푼 받지 않았다. 군대에 들어간 후에도 그랬고 나는 오히려 돈을 집으로 보냈다." "그렇지만, 비록 그렇지만…… 아버지는 내게 있어서 어디까지나 아버지임에 변함이 없었다. 그런 기분을 지금에 와서 누가 알겠는가! 아이들이 무엇을 알겠는가! 그런 일은 아무나 견디어 낼 수 있는 일이 아니다. 그것을 지금의 아이들이 이해할 수 있겠는가."

 이런 이야기를 다른 기회에 해주셨다면 훌륭한 교재가 되었을지도 모르며 또 아버님께서 경험하신 바와 같은 고생이며 부자유를 견뎌 내기 위한 격려가 되었을 것입니다. 그러나 아버님에게는 그런 것을 기대할 수 없었습니다. 저희들은 그야말로 아버님의 고생의 결과로 만들어진 사람이 되어 버렸습니다. 그렇기 때문에 아버님께서 하신 방법처럼 그곳으로부터 발돋움하여 올라설 기회가 저희들에게는 없었습니다. 이러한 기회는 먼저 폭력이나 파괴에 의하여 자기 스스로가 만들어 내지 않으면 안 되었을 것입니다. 결국은 집을 뛰쳐나가는 방법 외에는 없었을 것입니다 ─ 가령 저희들에게 그렇게 할 결심과 힘이 있고 어머니께서도 별도의 대책을 세워서 그것을 방해하지 않는다는 것을 전제로 했을 때의 이야기입니다 ─. 그러나 아버님은 그런 일을 전혀 바라지 않으셨습니다. 도리어 아버님은 은혜를 모른다느니 얼토당토 않은 일이라느니 괘씸한 일이라느니 배신이라느니 미친 짓이라느니 하고 말씀하셨습니다. 그러니까 아버님께서는 한편으로는 무엇인가 자신의 예를 들어 가며 당신의 이야기를 제게 들려주심으로써 저에게 부끄러운 생각을 갖도록 하여 그렇게 시키려고 하시는가 하면, 또 다른 한편으로는 그것을 단호하게 금지시키셨습니다.

만일 그렇지 않으셨다면 아버님께서는 예를 들어 부차적인 상황은 별도로 하더라도 오틀라의 취라우 행(行)의 모험*에 대해 기뻐해야 했습니다. 오틀라는 아버님의 고향에 가려고 했던 겁니다. 그애는 아버님이 하신 것 같은 일과 부자유스러운 생활을 해보고 싶었던 겁니다. 아버

★ 카프카의 누이동생 오틀라는 독일령(領) 보헤미아의 소도시 취라우에서 한 농장의 관리를 맡았었다. 병이 든 카프카는 잠시(1917년~1918년) 누이와 함께 이곳에 기거했었다.

님께서도 자신의 아버지에게 의지하려고 하지 않았던 것과 같이 그애는 아버님의 노력의 성과를 감 빼먹듯이 즐기고 싶지 않았던 것입니다. 그것이 그처럼 무모한 계획이었을까요. 아버님의 모범이나 교훈과 그토록 동떨어진 것이었을까요. 물론 오틀라의 계획은 끝내 결과적으로 실패로 끝났고 다분히 우스꽝스럽게 되어 버렸으며 시끄러운 소동이 되고 말았습니다. 그애는 부모님의 일을 돌아볼 겨를이 없었습니다. 그런데 그것은 오로지 그애만의 탓이 아니라 그 당시 상황의 탓이나 특히 아버님이 그애와 그처럼 서먹서먹한 관계에 있었던 탓은 아니었을까요. 오틀라는 — 아버님께서도 후에 믿으려고 했던 것처럼 — 취라우로 떠나기 전엔 사업에 관해선 덜 서먹서먹한 관계가 아니었나요? 그리고 아버님은 — 거기까지 자신을 극복하셨으리라고 가정해서인데 — 그녀를 격려하시고 충고하시고 관심과 염려를 나타내시거나, 차라리 관용의 마음에 의해서만이라도 그녀의 모험에서 무엇인가 좋은 것을 만들어 줄 수 있는 힘을 분명히 갖고 있지 못하셨을까요.

이와 같은 경험을 하실 때마다 아버님께서는 언제나 심한 농담조로 "매사가 너무나 좋았었다" 하고 말씀하시는 것이 상례였습니다. 그러나 이 농담은 어떤 의미에서는 농담이 아니었습니다. 우리는 아버님께서 스스로 노력해서 얻어야 했던 것을 아버님 손에서 받았습니다. 그러나 아버님께서 손수 겪으신 외면 생활을 위한 싸움을 — 물론 저희들이라고 언제까지나 싸우지 않고 끝난 것은 아니지만 — 우리는 늦게 시작했으며 그것도 어른이 된 후에 어린아이 같은 힘으로 쟁취하지 않으면 안 되었습니다. 저는 그 때문에 저희들의 경우가 아버님의 경우보다 절대로 불리했다고 말씀드리고 있는 것은 아닙니다. 도리어 양자 사이에는 다분히 우열을 가릴 수 없는 무엇인가가 있겠죠. 이 경우에 물론 각자의 근본적인 소질은 비교하지 않았습니다만 단지 저희들의 불리한 점이라고 말씀드리는 것은, 아버님이 자신의 고생에 대해서 하신 것처럼 저희들은 저희들의 곤궁을 자만하지도 않으며 또 그것으로 어느 누구에 대해서 굴욕감을 느끼도록 하지도 못한다는 점입니다. 저는 또 아버님의 위대하고 성공적인 일의 결실을 즐기고 활용하고 그 일을 다시 이어받아서 아버님을 기쁘게 할 수도 있었다는 것을 부정하지는 않습니다. 그러나 거기에는 바로 우리들의 소원한 관계가 방해물이 되고 있었습니다. 저는 아버님이 주신 것을 누릴 수는 있었지만 거기에는 오직 부끄러운 마음, 지쳐 있는 마음, 약한 마음, 또 죄를 의식하는 마음이 따라 다녔습니다. 그러므로 저는 한결같이 거지처럼 무엇이든지 아버님에게 비굴한 마음으로 감사하고 있었기 때문에 아무것도 할 수가 없었습니다.

아버님의 전반적인 교육의 외면적인 결과는 아버님과 연관된 것이면 모두 다 멀리하려는 것입니다. 첫째는 가게입니다. 가게 그 자체는 특히 어렸을 때에, 그것이 골목 가게였던 동안은 저를 매우 기쁘게 해주었습니다. 가게는 매우 활기를 띠고 있었으며 밤이 되면 조명이 켜졌고 많은 것을 보고 들을 수 있었으며, 이따금 심부름을 하면서 능력을 발휘할 수 있었습니다. 그러나 특히 아버님에게 감복한 것은 아버님의 물건을 파는 솜씨라든가 손님을 다루는 방법, 여러 가지 농담을 하고, 부지런히 일에 열중하고, 의문이 생겼을 경우에는 바로 그 해결책을 모색하는 등등, 아버님에게 훌륭한 상재(商才)가 있다는 것이었습니다. 그리고 또 아버님이 짐을 꾸리거나 나무 상자를 여는 장면은 다른 사람들에게 보이고 싶을 정도였습니다. 요컨대 어린 시절의 전부가 결코 최악의 유치원이라고 말할 수는 없습니다. 그러나 아버님은 차츰 저를 모든 면에서 위협하게 되었고 가게는 아버님의 이미지와 겹쳐서 저에게는 하나로 여겨졌으며, 따라서 그 가게는 이미 기분 좋은 존재는 아니었습니다. 그 가게에서 벌어지는, 처음에는 당연하게 생각되었던 일들이 마침내 저를 고통스럽고 부끄러운 마음을 느끼게 했습니다.

특히 가게 종업원에 대한 아버님의 부당한 취급이 그랬습니다. 저는 잘 모릅니다만 아마도 대부분의 어떤 가게에서도 그런 취급을 했겠죠 — 예를 들면 일반 보험회사(Assecurazioni General : 이탈리아계 보험회사로서 카프카가 1년간 근무한 일이 있음)에서 제가 근무하던 시절에도 그와 같았습니다. 저는 그래서 사장에게 저와 직접 상관없는 욕지거리라 할지라도 참을 수 없다는 이유로 사직서를 냈었습니다. 이것은 모두 사실이라고 할 수는 없지만 그렇다고 전혀 거짓이라고도 할 수 없습니다. 저는 그 점에서는 이미 선천적으로 매우 신경질적이었습니다 — 그러나 어렸을 때의 저는 다른 가게들에 대해서는 마음을 쓰지 않았습니다. 그러나 아버님께서 가게에서 큰소리로 꾸짖거나 욕하거나 화내는 것을 보고 들으면 전세계 어디를 가도 그런 일은 결코 없으리라는 생각이 들 정도였습니다. 아버님은 소리 지르실 뿐 아니라, 그 외에 폭군 같은 행동도

27세의 카프카

하셨습니다. 예를 들어 아버님은 물건에 하자가 없다고 버티실 경우에도 그 물건을 단번에 책상 위에서 집어 던졌는데, 오죽 화가 치밀었으면 분별심을 잃었겠느냐고 억지를 부리시는 것이 아버님의 변명이셨습니다. 그러면 가게 사람들이 그것을 집어 올려야 했습니다. 그리고 폐결핵을 앓고 있던 종업원에게도 항상 입버릇처럼 말씀하셨습니다. "저런 병든 개는 죽어야 해."

아버님은 종업원들을 '급료를 받고 있는 적(敵)들'이라고 부르셨어요. 사실 종업원들은 그러했습니다만 그들이 그렇게 되기 이전에 먼저 아버님이 '그들의 급료를 지불하는 적'처럼 저에게는 생각되었습니다. 그 경우에 저는 아버님이 잘못을 저지르고 계신다는 큰 교훈을 얻었습니다. 저 자신의 경우였다면 그렇게 빨리 그것을 깨닫지는 못했을 것입니다. 그 점에 있어서 저는 그동안 쌓인 죄책감이 컸기 때문에 아버님이 옳다고만 생각하고 있었습니다. 그러나 저는 어린 마음에 ─ 물론 그 후에 다소는 수정되었지만 크게 변한 것은 아니었습니다 ─ 그 사람들은 우리와는 상관없는 타인인데 우리를 위해서 일을 해주고 있다, 그럼에도 불구하고 아버님을 시종 무서워하면서 지내야만 한다고 생각했습니다. 물론 그때는 저의 생각에 지나친 점은 있었습니다. 즉 아버님은 다른 사람들에게도 저를 대할 때와 똑같이 무서운 인상을 주는 분이라고 쉽사리 생각하고 있었던 것입니다. 만일 정말로 무서웠다면 그 사람들은 분명히 도망가고 말았을 것입니다. 그러나 그 사람들은 모두가 어른들로서 대개 뛰어난 신경의 소유자였으므로 자신들에게 퍼부어지는 아버님의 꾸짖음을 힘들이지 않고 떨쳐 버렸으며, 결국 상처를 입는 것은 그 사람들보다는 오히려 아버님이었습니다.

이 일로 해서 저는 가게가 싫어졌고 가게 일을 생각하면 저와 아버님과의 관계가 너무나도 뚜렷이 생각나서 견딜 수가 없었습니다. 아버님은 기업가로서의 흥미나 권세욕 같은 것은 전혀 별도로 치더라도, 이미 상인으로서 그 당시 휘하에서 가르침을 받던 모든 사람들보다 훨씬 뛰어나셨습니다. 그 사람들이 하는 일이 무엇 하나 아버님에게 만족을 줄 리가 없었습니다. 아버님은 저에 대해서도 그와 똑같이 영원히 불만족스러웠을 것이 틀림없습니다. 그래서 저는 그때 형편으로 자연히 가게 종업원들 편에 섰습니다. 그것은 왜냐하면 저는 처음부터 아버지에 대한 두려움을 갖고 있었고 왜 아버님이 저토록 타인을 매도하시는지를 몰랐기 때문입니다. 그래서 저는 그것이 걱정되어, 몹시 겁을 먹고 있는 것 같은 가게 종업원들을 어떻게 해서든지 아버님이나 우리 가족과 화해시켜 저 자신의 평안을 꾀하고 싶었던 것입니다. 그러기 위해서는 보통의 겸손한 태도로만 종업원들을 대해서는 안 되었습니다. 이미 조심스러운 태도마저도 소용없었습니다. 오히려 저는 공손해져야만 했습니다. 먼저 이쪽에서 인사를 할 뿐만 아니라 상대방이 답례를 하지 않도록 만류해야만 했습니다. 만일 저와 같은 하찮은 인간이 사람들에게 엎드려 절해 보았자, 여전히 아버님이라는 주인이 위에 계시면서 그들을 억압하였다면 아무런 타협의 여지가 없었을 것입니다.

제가 여기에서 그들과 맺은 이런 종류의 관계는 가게의 범위를 넘어서 장래에까지 확산되었습니다 — 저의 경우만큼 위험하지도 않고 심오한 것도 아니지만 비슷한 예가 있었습니다. 이를테면 오틀라도 가난한 사람들과의 접촉을 특히 좋아해서 하녀들이 있는 곳을 찾아 다녀 아버님을 몹시 노하게 했었습니다 — 결국 저는 가게에 대해서 무서움을 갖게 되었습니다. 어찌 되었든 가게는 이미 오래 전에 제 일이 아니었습니다. 그것은 김나지움(9년제 중고등학교) 입학을 계기로 더욱더 그곳을 떠나 있어야만 했기 때문입니다. 그리고 그 가게는 저의 능력을 능가하는, 전혀 상상할 수도 없을 만큼 막대한 재산으로 보이기도 했습니다. 그것은 아버님께서도 말씀하신 바와 같이 아버님의 능력으로서도 최선을 다할 만큼 큰 것이었습니다. 아버님께서는 그렇게 말씀하실 때마다 — 저에게 있어서 그 일은 오늘날에 와서도 마음 아픈 일이며 부끄러운 생각이 들기도 합니다 — 제가 가게와 아버지의 사업에 대해 혐오감을 갖고 있다는 사실을 알았을 때 몹시 괴로워하셨습니다.

저의 그 혐오감 속에서 아버님은 아버님 자신을 위하여 위안이 될 만한 것을 찾아내려고 시도하셨습니다. 그래서 당신 자신은 장사 기질이 없으며 너무 원대한 갖가지 관념을 머릿속에 갖고 있다고 주장하셨습니다. 물론 어머님께서는 이 말을 듣고 매우 기뻐하셨습니다. 그러나 그것은 아버님께서 무리하게 억지를 부리신 것이었습니다. 그런데 저까지도 한편으로는 허영심에 다른 한편으로는 곤궁에 몰려서 별수없이 그 영향을 받았습니다. 그러나 저를 가게 — 저는 지금에야 비로소 진심으로 그것을 증오하고 있습니다 — 로부터 떼어 놓은 것이 단순하고 혹은 원대할 수도 있는 이상이었다면, 이 이상들이 다른 형식을 취해 나타났을 것이 틀림없습니다. 그 이상들은 제가 결국 공무원의 사무 책상에 이르기까지 저로 하여금 김나지움이나 대학에서의 법률 공부를 조용히 그리고 아주 조심스럽게 해나가도록 하지는 않았을 것입니다.

제가 아버님에게서 달아나기 위해서는 언제나 가족으로부터, 더더욱 어머니로부터 도망치지 않으면 안 되었습니다. 어머님에게라면 언제든지 은신처를 찾을 수 있었지만 그것은 단지 아버님과의 관계에서만입니다. 어머님은 아버님을 너무나 사랑하셨고 아버님께 헌신적인 봉사를 하고 계셨기 때문에 자식과의 다툼에 있어서도 독립적인 정신력을 지닌다는 것은 불가능했을 것입니다. 이것은 자식으로서의 정확한 본능에서 나온 결론입니다. 왜냐하면 어머니는 나이가 드실수록 더욱 아버님과 더욱더 밀접한 관계가 되었기 때문입니다. 어머니께서는 자신의 독립을 최소한의 범위에서 아름답고 부드럽게 지킴으로써 이제까지 본질적으로 아버님의 기분을 상하게 하는 일은 결코 없었습니다. 해가 거듭할수록 완전히 자식들에 대해서는 이성보다는 감성에 치우쳐 아버님의 판단이나 결정에 맹목적으로 눈을 감고 승인하시게 되었습니다. 특히 중대한 오틀라의 사건에서 그랬습니다. 물론 한 집안에 있어서의 어머님의 입장이라는 것이 얼마나 마음을 괴롭히고, 신경을 마멸(磨滅)시키는 것인가를 모든 사람들은 기억하고 있어야만 합니다.

어머님은 가게 일이나 집안일에 항상 애를 쓰셨고, 온 가족의 질병에 대해서는 고통으로 함께 나누셨는데, 그 중에서도 가장 큰 고통은 어머니가 저희들과 아버님 사이에 끼여서 괴로움을 참아야 하는 일이었습니다. 아버님께서는 언제나 어머님께 정답고 친절하셨지만, 이 점에 있어서 아버님이 어머니를 위로해 주신 적은 한 번도 없었습니다. 저희들의 경우도 마찬가지였습니다. 아버님은 아버님대로 우리들은 우리들대로 사정없이 어머니의 애를 태워드렸습니다. 그것은 잘못이었습니다. 그러나 어떤 악의에서 그랬던 것은 아니었습니다. 단지 아버님은 저희들에게, 저희들은 아버님에게 싸움만을 생각했던 것이 문제였습니다. 그래서 저희들은 어머님에게 까닭 없이 화를 내곤 하였습니다. 아버님께서 저희들 일로 해서 어머니를 — 물론 아무리 아버님께 죄가 없을지라도 — 괴롭힌 것은 자식들의 교육을 위해서 결코 이롭지 못했습니다. 그 때문에 오히려 변명의 여지도 없었을 어머님에 대한 저희들의 태도가 언뜻 보기에 정당한 것으로 보이기까지

31세의 카프카 〈심판〉 집필을 시작하다.

〈심판〉 친필원고

했습니다. 어머니는 아버님 때문에 저희들로부터, 또 저희들 때문에 아버님으로부터 얼마나 많은 괴로움을 당하셨습니까. 다만 아버님께서 정당하셨을 경우에는 완전히 달랐습니다. 어머니는 저희들의 응석을 받아주곤 하셨으니까요. 이 '응석'은 단지 아버님의 질서에 대한 무언중의 무의식적인 반대 데모였습니다. 어머니는 물론 우리 모두를 사랑하시고 그것을 행복하게 생각하셨기 때문에, 그로부터 어머님의 인내력이 우러나온 것입니다. 만일 그렇지 않았다면 어머님은 도저히 이 모든 일들을 견뎌 내지 못하셨을 것입니다.

세 명의 누이동생 중에서 저와 가까이 지낸 아이는 별로 없었습니다. 다만 아버님을 대하는 태도가 가장 좋았던 아이는 발리였습니다. 그녀는 어머니와 가장 가까이 있으면서 아버님께 비위를 맞추는 방법도 어머니를 꼭 닮았었는데 발리에게는 그것이 별로 힘들지 않았고 그래서 상처도 입지 않았습니다. 아버님도 그녀에 대해서만은 한층 마음을 써 주셨는데, 그것은 그녀에게 비록 카프카적인 요소는 거의 없었어도, 어머님을 생각하셨기 때문에 그러셨겠죠. 그러나 이것이야말로 아버님으로서는 자연스러운 것이었습니다. 카프카적인 것이 전혀 없는 곳에서는 정녕 아버님도 그런 것을 요구하실 수가 없었던 것입니다. 아버님께서는 카프카적인 저희들 경우와 같이 그녀에 대해, 무엇인가 사라져 가고 있기 때문에 그것을 억지로라도 구하지 않으면 안 된다는 느낌도 갖고 있지 않았습니다. 더욱이 아버님은 카프카적인 것이 여성 속에서 나타나는 것을 결코 좋아하시지 않았습니다. 발리와 아버님의 관계는 저희들이 조금이라도 방해하지 않았더라면, 아마도 좀더 격의 없는 사이가 되었을 것입니다.

엘리는 당신의 세력권에서 빠져 나가는 데 거의 완전하게 성공한 유일한 경우입니다. 그녀가 어렸을 때만 해도 그렇게 되리라고는 전혀 생각할 수조차 없었습니다. 그녀는 매우 둔하고 우울하고 겁쟁이이고 기운이 없으며 죄의식에 사로잡혀 있고 비굴하고 심술궂고 나태하고 식탐이 많은 인색한 아이였습니다. 저는 그녀를 바라보는 것만도 견딜 수가 없었으며 그녀에게는 전혀 말을 걸고 싶은 마음도 생기지 않았습니다. 그녀는 저와 너무나 비슷했기 때문입니다. 아버님의 엄한 교육에 얽매인 모습이 너무나도 비슷했습니다. 특히 그녀의 인색한 점이 싫었습니다. 왜냐하면 그러한 기질은 제게 오히려 더 많았기 때문입니다. 인색하다는 것은 매우 궁핍하다는 것을 뜻하는 것입니다. 저는 무슨 일에도 확신을 가질 수 없었고 실제로 내 자신이 갖고 있는 것이란 이미 손안 또는 입 속에 넣어 버린 것이거나, 혹은 손에 쥐려하거나 입 속에 넣으려는 국한된 것뿐이었습니다. 그런데 이러한 것들을 같은 입장에 놓여 있던 그녀가 제게서 꼭 빼앗아 가려던 것이었습니다.

그러나 그녀가 혼기(婚期)가 차서 — 이것이 가장 중요한 일입니다만 — 결혼을 하고 출가하여 어린아이를 낳았을 때, 이러한 모든 것은 일변해 버렸습니다. 그녀는 쾌활하고 사물에 구애받지 않고 대담하고 호기롭고 사욕이 없고 믿음직스러운 사람이 되었습니다. 아버님께서 원래 이러한 변화를 전혀 깨닫지 못하시고 어찌 되었든 그녀의 공적을 올바로 평가해 주시지 않았다는 사실은 거의 믿을 수 없는 일입니다. 아버님께서 예전부터 엘리에게 품고 계시던 좋지 못한 감정이 근본적으로 사라지지 않았기 때문에 그녀의 좋은 점들이 눈에 띄지 않았던 것입니다. 다만 그러한 나쁜 감정이 지금은 훨씬 약해진 것은 사실입니다. 그것은 엘리가 이제 저희들과 함께 살지 않는 데다가 아버님의 페릭스에 대한 귀여움이나 카를에 대한 애착으로 인해 엘리에 대한 감정이 별로 중요하지 않게 되었기 때문입니다. 그러나 이따금 그녀의 역할을 대신하여 게르티*가 그 원망을 들어야 하는 처지가 되었습니다.

오틀라에 대해서는 거의 쓸 용기조차 없습니다. 자칫하면 애써서 쓴 이 편지의 효과가 퇴색될 염려가 있기 때문입니다. 그녀가 무슨 특별한 곤란을 당하거나 위험에 봉착하지 않는 한 아버님은 그녀에게 증오심만을 가지고 계셨습니다. 아버님은 그녀가 저의(底意)를 갖고 아버님을 항상 괴롭히거나 화를 내게 만드는 것 같다고 저에게 털어놓으신 일이 있습니다. 아버님은, 그녀 때문에 괴로워하면 그녀가 만족해서 기뻐한다고 생각하십니다. 그러니까 아버님에게 있어서 그녀는 일종의 악마 비슷한 존재입니다. 아버님과 그녀와의 사이에는 참으로 무서운 소외가, 아버님과 저와의 사이보다 더 엄청난 간격이 벌어져 있음에 틀림없습니다. 그 때문에 그처럼 무서운 오해가 생기는 것입니다. 그녀는 아버님에게서 떨어져 있었으므로, 아버님에게는 그녀가 거의 눈에 들어오지 않았으며 아버님께서 그녀라고 생각하시는 것은 사실 그녀의 환영(幻影)이었습니다. 아버님은 분명히 그녀에게 특별히 마음

★ 엘리와 카를 헤르만 사이에서 태어난 또 하나의 자식.

을 쓰셨다고 생각합니다. 사실 저도 매우 복잡한 이 경우를 완전히 간파하지는 못했습니다. 오틀라에게는 일종의 뢰비 가문의 기질에 가까운 무언가가 있었으며 거기에다 카프카 가문의 최상의 기질로 무장되어 있었습니다.

아버님과 저 사이에는 진정한 의미의 싸움이란 것은 없었습니다. 저는 순식간에 무장해제되어 버렸습니다. 결국 제가 할 수 있는 것은 도망치거나 몹시 참담해 하거나 슬픔에 빠지거나 힘든 내면과의 싸움을 경험하는 것이었습니다. 그러나 아버님과 오틀라는 항상 전투 태세를 취하고 있었고, 언제나 원기 왕성하게 긴장하고 있었습니다. 그것은 장렬하기도 했지만 대책없는 광경이기도 했습니다. 그러나 아버님과 그녀는 서로 매우 가까웠습니다. 왜냐하면 오늘날에도 자녀 넷 중에서 오틀라가 다분히 아버님과 어머니 사이의 결혼 생활로 맺어진 모든 힘의 가장 순수한 상징이기 때문입니다. 아버님과 오틀라에게서 아버지와 자식간의 조화로운 관계를 빼앗아 간 것이 무엇인지 저는 모릅니다만, 저의 경우와 비슷한 경로를 거친 것이라고 믿어도 될 것 같습니다. 아버님에게는 특유의 폭군적 기질, 그녀에게는 뢰비적 기질인 반항, 민감성, 정의감, 불안감, 이러한 것들이 모두 카프카적인 힘의 의식에 의해서 지탱되고 있는 것입니다. 물론 저의 영향도 있었겠지만, 그러나 제가 자발적으로 영향을 준 것은 아니고 단순히 제가 여기에 있다는 사실만으로 충분했습니다.

하여튼 그녀는 이미 완성된 세력 관계 속에 맨 나중에 들어와서는 이미 준비되어 있는 많은 재료를 바탕으로 자기 스스로 자신의 판단을 형성해 나갈 수 있었습니다. 저는 그녀가 아버님 품에 머무를 것인가, 아니면 상대인 저희들 편에 서야 할 것인가 잠시 동안 내심으로 동요한 일이 있었다고 생각됩니다. 분명히 그때 아버님은 무엇인가 실수를 하셔서 그녀를 떼밀어 버리셨는데, 만약 그런 일이 없었더라면 두 사람은 정답고 훌륭한 부녀간이 되셨을지도 모릅니다. 그렇게 되었으면 저는 한 사람의 동맹자를 잃게 되었을지 모르지만 그 대신 두 사람의 모습을 보는 것만으로도 저에게는 충분한 보상이 되었을지도 모릅니다. 그뿐만 아니라 당신은 적어도 한 명의 자식에게서나마 충분한 만족감을 얻어 헤아릴 수 없는 행복을 느끼시고 저를 위해서도 유리한 쪽으로 변하셨을 것입니다. 그러나 오늘에 와서는 모든 일이 한낱 꿈에 지나지 않습니다. 오틀라는 아버님과의 관계를 단절한 채 자

막내여동생 오틀라와 함께 (1915년)

신의 길을 혼자서 찾지 않으면 안 되었습니다. 신뢰, 자신감, 건강, 과단성, 저보다 월등하였기에 그만큼 아버님의 눈에는 저보다 더 사악한 배신자로 보였을 것입니다.

저도 이해는 합니다. 아버님이 보시기에 그녀는 어찌할 수 없는 존재였습니다. 그런데도 그녀는 아버님의 눈으로 자신을 바라보고 아버님의 고뇌를 함께 느끼면서 더욱이 절망에 빠지지 않고 — 절망하는 것은 오히려 쉽니다 — 진정으로 슬픔을 충분히 이겨낼 수 있는 아이였습니다. 이것과 모순된다고 생각하실지 모르지만 아버님은 저희들이 곧잘 함께 있는 것을 보십니다. 우리는 수근거리기도 하고 웃기도 하는데 때때로 아버님에 관하여 말하는 것도 듣게 되셨을 겁니다. 그때마다 아버님은 틀림없이 우리에 대해 철면피한 공모자들의 현장을 목격한 듯한 인상을 가지셨겠죠. 우리는 놀라운 공모자들입니다. 아버님은 오래 전부터 저희들의 대화의 주요한 화젯거리였으며 머릿속의 중요한 소재였습니다. 그러나 사실 아버님에게 반항하려는 생각에서 함께 어울린 것은 아닙니다. 서로 모든 노력을 기울이거나 농담을 하거나 진심으로 애정을 기울여 반항도 노여움도 혐오도 체념도 죄의식도 감추지 않고 심신의 힘을 짜내어 저희들과 아버님 사이에 자욱하게 낀 이 무서운 심판을 상세하게, 모든 방면에서 온갖 기회를 포착해서 혹은 멀리 떨어져서 혹은 가까이 다가가서 힘을 합해 검토하자는 목적에서였습니다. 이 심판에서 아버님은 항상 재판관의 위치에 서시고자 했지만, 아버님도 대개의 경우 — 여기에서 저도 당연히 제가 저지를 것 같은 모든 잘못을 감수합니다 — 무력하고 맹목적인 한 당사자에 불과하다는 점에서는 저희들과 조금도 다를 바가 없습니다.

전체적으로 관련지어 보면 아버님의 교육 효과의 실례 중에서 많은 것을 시사해 주는 좋은 예는 이르마(카프카의 사촌 누이로서, 카프카의 아버지 회사에서 일한 바 있음)입니다. 어떻게 보면 그녀는 타인 같은 존재로서 이미 성장한 후에 아버님 가게로 온 것입니다. 아버님과의 관계도 주로 가게 주인을 대하는 그것이었습니다. 그러니까 그녀는 아버님의 영향을 가장 적게 받은 편이며, 그것은 이미 저항력이 생긴 나이가 된 후의 일이었기 때문입니다. 그러나 한편으로는 그녀도 역시 혈연의 한 사람이었습니다. 아버님은 한낱 가게 주인의 단순한 권력 이상의 것을 지니셨습니다.

그런데 그녀는 그 허약한 몸으로 착실하고 영리하고

부지런하고 신중하고 믿음직스러우며 사욕이 없고 성실했으며, 아버님을 백부(伯父)로서 사랑하고 가게 주인으로서 존경하였습니다. 그녀는 우리 집에 오기 전에 다른 직장에서도 정평이 나 있는 여자였습니다만, 아버님에게 있어서는 반드시 좋은 여점원은 아니었습니다. 그녀는 물론 저희들로부터도 소외된 존재였습니다. 아버님에게 있어서는 자식의 입장에 가까웠습니다. 그래서 사람을 꺾지 않고는 놓아 두지 않는 아버지의 본성이 그녀에게 강하게 작용했기 때문에 ― 확실히 아버님에게 대해서 뿐이고, 다분히 자식이 갖는 좀 더 깊은 괴로움은 모르고 있었겠지만 ― 잊어버리기를 잘하는 성질, 단정하지 못한 행동, 궁한 끝에 하는 서투른 유머, 게다가 자신이 할 수 있는 최소한의 반항심까지도 커져 갔습니다. 물론 그녀가 장애자이고 불우한 가정 사정이 겹쳐 있었던 것은 전혀 계산에 넣지 않고 하는 이야기입니다. 그녀와 아버님과의 관계는 저와도 여러 가지 관련이 있습니다만, 당신은 결국 그 한 마디 ― 오래지 않아서 저희들에게는 고전이 된, 거의 신(神)을 모독한다고 볼 수 있는, 그러나 악의 없이 사람을 취급하는 당신다운 것의 유력한 증거도 될 수 있는 한 마디 ― 에 의해 급소를 찔린 것입니다. "그토록 믿음이 강한 아이였는데 지저분하게 어질러놓고 갔구나."

  아버님의 영향력이나 그에 대한 저항의 사례들을 좀더 계속할 수 있으면 좋으련만, 그 경우엔 제 기억이 불확실해져서, 여러 가지로 구상을 세워 보지 않으면 안 되겠습니다. 게다가 아버님께서는 오래 전부터 가게나 가정에서 멀리 떨어지면 떨어질수록 점점 온화해지시고, 타인에게도 양보를 잘 하시고, 친절하시고, 조심스럽고, 동정심도 깊어지십니다 ― 외면적으로도 그렇습니다 ― 이를테면 마치 독재자가 자신의 영토의 국경을 한 걸음이라도 벗어나게 되면 더 이상 계속해서 폭군 행세를 할 이유가 없기 때문에 가장 신분이 낮은 사람들과도 부드럽게 접촉할 수 있는 것과 같습니다. 사실 예를 들면, 프렌첸스바트에서 찍으신 군상(群像)들 속에서 아버님은 불만으로 가득 찬 표정의 외소한 사람들 사이에 섞여 여행 중인 임금님처럼 기분이 좋아서 당당하게 서 계십니다. 불가능한 일이겠습니다만, 우리가 어렸을 때에 이것을 알 수 있는 능력을 만일 갖고 있었더라면 자식들에게 확실히 유리했을 것입니다. 그리고 이를테면 저도 어느 정도 아버님의 영향의 내면적인 고리를 엄중하게 졸라매며 지낼 필요는 없었을 것입니다.

그 때문에 제가 잃은 것은 결코 아버님께서 말씀하시는 가족에 대한 유대감이 아니라 오히려 가족에 대해 많은 생각을 하게 되었습니다. 그것은 아버님으로부터의 내면적인 해방에 대한 감각 ─ 그것이 끝날 수 있는 일은 물론 결코 없었습니다 ─ 이었으며 대체적으로 소극적인 것이었습니다. 그런데 가정 외의 사람들에 대한 관계에서 어쩌면 당신의 영향을 더욱 많이 받았을지도 모릅니다. 혹시 제가 타인들에게는 애정과 성의를 갖고 무슨 일이든지 하는데 아버님과 가족에 대해서는 냉담과 무관심으로 아무 일도 하지 않는다고 생각하신다면 그것은 잘못 생각하시는 것입니다. 몇 번이라도 반복해서 말씀드립니다만, 저는 밖에서도 사람을 경계하는 소심한 인간이 되어 버린 모양입니다.

  그러나 그 무렵부터 제 자신이 사실 더듬어 온 현재의 지점까지에는 또 한 줄기의 길고 어두운 길이 있습니다 ─ 지금까지 이 편지에서는 비교적 많은 일들을 일부러 숨김없이 말해 왔습니다. 그러나 앞으로는 어느 정도 입을 다물지 않으면 안 되겠습니다. 아버님에게 그리고 저 자신에게 그것들을 고백하는 것이 저로서는 아직은 너무나 괴롭습니다. 이렇게 말씀드리는 것은, 설령 어떤 경우

사건의 전모가 다소 불분명하게 되더라도 그것이 증거가 부족한 탓이라고 믿지 않으시기를 바라기 때문입니다. 그뿐만 아니라 증거는 정확하게 있어도 전모는 참을 수 없을 정도로 왜곡되어 버릴지도 모릅니다. 이 점에 있어서 중용(中庸)을 찾아 낸다는 것은 용이하지 않습니다 ― 여기에서는 어찌 되었든 이제까지의 일을 생각해 내는 것만으로도 충분합니다. 저는 아버님 앞에선 자신감을 잃어버렸습니다. 그 대신 얻은 것은 끝없는 죄의식입니다 ― 이 끝없음을 회상하고 언젠가 저는 누군가에 대해서 이렇게 쓴 일이 있습니다만 말 그대로라고 생각합니다.

'그 녀석은 부끄러움이 자기 자신보다도 더 오래 사는 것이 아닐까 하고 두려워하고 있다' ― 저는 다른 사람들과 함께 어울려도 갑작스럽게 변할 수가 없습니다. 그뿐만이 아니라 저는 그들에 대한 더욱더 깊은 죄의식 속으로 빠져 들었습니다. 왜냐하면 이미 말씀드린 대로, 저는 아버님이 가게에서 저와의 연대 책임 아래 그들에게 행하여진 일에 대하여 그들에게 보상하지 않으면 안 되었기 때문입니다. 게다가 아버님은 사실 제가 접촉하는 몇몇 사람들에게도 노골적으로, 혹은 비밀리에 비난을 하셨기 때문에 저는 그 당사자들에게 그 일을 사과하지 않으면 안 되었습니다. 아버님께서는 가게에서나 집에서나 대부분의 사람들에 대한 불신을 저에게 가르치셨습니다 — 어렸을 때 저에게 중요한 사람으로서 최소한 한 번이라도 아버님으로부터 심하게 비난받지 않은 사람이 있으면 그 이름을 말씀해 주십시오 — 더군다나 아버님은 그런 것에 대해 별로 괴로워하지 않으셨던 모양입니다 — 결국 아버님은 그런 것에 견딜 수 있을 만큼 강하셨던 것입니다. 이것은 실제로, 다분히 지배자의 상징일 뿐이었습니다 —

그런데 어린 저의 눈에는 타인을 신용하지 않을 증거가 될 만한 것이 아무것도 없었습니다. 언제나 제 눈에 띄는 것은 저 자신 따위는 도저히 당해 낼 수 없을 만큼 훌륭한 사람들뿐이었습니다. 이 불신(不信)의 생각은 이윽고 저의 내부에서 자신에 대한 불신이 되고 자기 이외의 일체의 사람들에 대한 끊임없는 불안이 되었습니다. 그래서 저는 분명하게 아버님으로부터 저 자신을 구원할 수는 없었습니다. 아버님이 이 점에 대하여 생각을 잘못하신 이유는, 다분히 저의 대인 관계에 대해서 본래 아무것도 모르셨기 때문에 그릇된 추측과 질투하는 마음에서 — 아버님이 저를 사랑하고 계시는 것을 어찌 부정하겠습니까 — 제가 가정 생활에서 상실한 것만큼의 보충을 어디선가 할 것이라고 추측하고 계셨습니다. 밖에서도 집에서 하는 식으로 제가 생활하리라고는 도저히 생각할 수 없었기 때문입니다. 그런데 저는 이 점에 있어서 이미 소년 시절부터 자신의 판단에 대한 이러한 불신 속에서 도리어 어떤 종류의 위안을 발견하고 있었습니다. 저는 자신에게 말했습니다. "너는 과장된 말을 하고 있다. 젊은 사람들이 항상 그렇듯이, 사소한 일을 마치 대단히 특별한 것처럼 지나치게 느끼고 있다"라고. 그러나 이 위안은, 그 후에 세상을 보는 눈이 넓어지면서 거의 사라져 버렸습니다.

유태교에서도 저는 아버님으로부터의 탈출구를 발견하지는 못했습니다. 물론 여기에서는 처음부터 탈출이라는 것을 생각해도 좋았습니다. 그뿐만 아니라 우리 두 사람이 함께 유태교 속에 있든가, 혹은 두 사람이 모두 함께 나와 버리든가, 그 어느 한쪽을 생각할 수도 있었습니다. 그런데 제가 아버님에게서 물려받은 것은 어떤 유태교였을까요. 저는 여러 해가 지남에 따라서 거기에 대해 세 가지 태도를 취해 왔습니다.

어렸을 때의 저는 아버님과 똑같은 기분으로 교회에

충실하게 참여하지 않았기 때문에 단식을 하지 않았고 그런 일로 자신을 꾸짖었습니다. 그 일로 제 자신에게가 아니라 아버님에게 나쁜 짓을 저질렀다고 믿었습니다. 그래서 항상 정한 이치대로 죄의식이 전신을 덮치는 것이었습니다.

그리고 청년기에 이르러서는 무엇 때문에 아버님은 유태교에 대해서 당신이 생각하고 있는 것처럼 자유스럽게 행동하시면서, 저에게 비난을 퍼부으시는지를 알지 못했습니다. 제가 ― 아버님은 분명히 믿음에서라고 말씀하시지만 ― 아버님과 똑같은 생각으로 노력하지 않는 것이 나쁘다고 말씀하십니다. 그것은 사실, 정말로 저의 눈에 비친 바로는, 한낱 근거없는 신앙생활이었으며, 하나의 장난이었습니다. 아니, 장난조차도 못 되었습니다. 아버님께서는 일년에 4일 정도 교회에 참석하셨습니다. 그곳에서 아버님은 적어도 진지하게 생각하고 있는 사람들보다는 무관심한 사람들을 닮으셨습니다. 기도도 형식대로 느긋하게 끝내셨습니다. 기도서 안에서 방금 바로 영창(詠唱)되고 있는 부분을 지적하셔서 저를 깜짝 놀라게 하시는 일도 가끔 있었습니다. 저로서는 일단 교회에 가기만 하면 ― 그것은 중요한 일이었습니다 ― 그 후에는 좋아하는 곳을 여기저기 살짝 돌아다녀도 괜찮았습니다. 이렇게 해서 저는 그곳에서 오랜 시간 동안 계속 하품을 하거나 졸기도 했습니다. 그 후로 이처럼 싫증난 일은 춤출 때 이외에는 없었다고 생각합니다. 그래서 그곳에서 사소한 변화가 일어나도 그것에 흥미를 갖고 즐기고자 했습니다.

예를 들면 '율법의 궤'(유태교의 교회당 성소에 안치된 모세 십계의석판을 넣은 상자)가 열리면, 저는 항상 사격장을 연상하는 것이었습니다. 총알이 중앙의 검은 점에 명중하면 상자 문이 열립니다. 이곳에서는 언제나 재미있는 것들이 튀어나오는데, 율법의 궤에서는 항상 변함없이 목이 없는 낡은 인형들뿐입니다. 그런데 저는 사원에서 많은 공포를 느끼게 되었습니다. 아주 자명한 일이지만 그것은 한층 가까이서 서로 스쳐 간 많은 사람들에 대한 공포뿐만이 아니라, 아버님께서 어떤 순간에 저도 율법(모세의 율법서〔書〕, 유태교에 있어서 신의 계시를 뜻함)에의 부름을 받을 수 있다고 말씀하셨기 때문이었습니다. 그로부터 오랫동안 저는 그것을 두려워했습니다. 그러나 그 외에는 저의 지루함을 본질적으로 방해하는 것은 없었습니다. 기껏해야 바르미츠베(유태교의 신앙 문답) 시간 정도였으나 이때에는 오직 어리석은 암기만을 필요로 했으며 따라서 그것은 마치 우스꽝스러운 시험 성적 비슷한 것이 될 뿐이었습니다.

그리고 아버님과 관련된 일인데, 거의 무의미한 사소한 사건, 예를 들면 아버님께서 율법에의 부름을 받음에 있어서 저에게는 어디까지나 사교상의 일인 것처럼 느껴지던 그 일을 훌륭하게 타개하실 때나, 혹은 심령기념제(心靈記念祭) 때 아버님만이 교회당에 남으시고 저를 내보내실 때에는 오랫동안 — 분명히 자신이 교회 밖으로 나오게 된 때문이기도 하며 또 그 이상 깊은 관심이 없었기 때문에 — 여기에서 무엇인가 수상스러운 일이라도 행해지고 있는 것이 아닌가 하는 기분이 자신도 모르는 사이에 들기도 했습니다. 교회에서는 이런 식이었습니다만 집에서는 어쩌면 더욱 우스꽝스럽게 되었습니다. 제데르 아벤트(유태인이 이집트로부터의 탈출 기념해서 행하는 가정적 소제사〔小祭祀〕 즉 과월제〔過越祭〕를 말함)의 첫날밤에 행해지는 행사가 전부였으며 그것마저도 희극으로 변할 뿐이었습니다. 이것은 장성해 가는 어린아이들의 장난기 때문이었습니다. — 왜 아버님은 그러한 행동을 방조하셨습니까. 그건 아버님 자신이 그것을 야기시킨 장본인이었기 때문입니다 — 즉 이것이 제가 이어받은 신앙의 실체였습니다. 여기에 또 덧붙일 것이 있다면 기껏해야 대축제일(大祝祭日)이면 부친과 함께 교회당에 참예하러 온 '백만 장자 훅스의 아들들'을 가리키려고 뻗은 손(사제의 축복하는 손을 말함) 정도입니다. 이 정도의 신앙심이라면 될 수 있는 대로 빨리 손을 떼는 것밖에 더 나은 방법이 없었습니다. 손을 떼는 것이 가장 경건한 행동인 것처럼 저에게는 생각되었습니다.

좀더 시간이 흐른 후에 저는 또 다른 견해를 갖게 되었습니다. 제가 고의로 아버님을 배신했다고 생각하실 만한 이유를 알게 되었습니다. 아버님은 유태인 거주 구역의 작은 마을에서 떠나오시면서 실제로 약간의 유태교라고 말할 수 있는 것을 가져오셨습니다. 그러나 그것은 본래 보잘것 없는 데다 도시를 옮겨 다니고 군대 생활을 하시면서 조금씩 퇴색되어 가고 있었습니다. 젊은 시절의 인상이라든가 추억담 같은 유태인식의 생활이 약간 그리울 정도입니다. 아버님은 실제로 이런 종류의 조력을 필요로 하시는 분이 아니었고, 실로 강한 혈통이기도 하셨기 때문에 아버님 자신으로서는 종교적 문제 때문에 — 만일 그것이 사회적인 의혹과 심히 뒤섞여 있지 않는 한 — 동요하는 일은 거의 없었습니다. 근본적으로 아버님의 생활을 이끄는 신앙은, 유태인 사회의 어떤 일정한 계급이 품고 있는 견해라면 무조건 옳다고 믿는 것이었습니다. 그러한 견해는 아버님의 본성에서 나온 것이므로 결국 아버님은 신(神)이 아니라 아버님 자신을 믿고 계셨다고 말할 수 있습니다. 여기에도 훌륭한 유태교의 정신은 남아 있었습니다. 그러나 우리에게 계승해 나가기에는 그것만으로 너무 부족했습니다. 후세에로 계승되어 가는 사이에 그것은 톰방톰방 떨어져 쇳덩어리가 되듯 조금씩 쌓여 전체를 이루게 되었습니다.

한편 그것들은 타인에게는 설명할 수도 없는 젊은 시절의 체험적 인상이었으며, 다른 한편으로는 그것이야말로 우리가 두려워하고 있던 아버님의 본성이었습니다. 두려웠기 때문에 지나치게 예민한 관찰을 하고 있던 우리들에게 아버님께서는 이것이 유태교라고 말씀하셨고, 그 공허함에 꼭 들어맞는 무관심한 태도로 내보이신 그 서너 가지의 하찮은 것 속에 마치 무엇인가 원대한 뜻이라도 있는 것처럼 설명하시려고 해도 그것은 헛수고였습니다. 물론 아버님에게는 그것들이 젊은 시절의 조그마한 추억을 의미하고 있었기 때문에 우리에게 전하려고 생각하셨겠죠. 그것은 이미 아버님에게 있어서까지도 그 자체로서의 가치가 없어졌으므로 오직 억지로 설득을 한다든가 위협을 하는 수밖에는 전할 방법이 없었던 것입니다. 그러나 그런 방법으로는 잘 될 리가 없고, 또 한편으로는 아버님께서 당신 입장의 약점을 전혀 깨닫지 못하셨기 때문에 제가 몹시 고집스러워 보여 심하게 화를 내셨던 것입니다.

사실 이 일은 전체적으로 보아서 그것만의 고립된 현상은 아닙니다. 이 유태인의 과도기적 세대에 속하는 대부분의 사람들의 경우도 이와 비슷한 사정이었습니다. 그들은 비교적 아직도 믿음이 깊은 시골에서 도시로 이주를 한 것입니다. 이것은 자연스럽게 그렇게 된 것입니다. 오직 그것은 날카롭게 대립되었던 우리들의 관계에 다시 비통한 일면까지 덧붙였다고 할 수 있는 것입니다. 그렇지만 저와 같이 이 점에 있어서 아버님 자신에게는 죄가 없다는 것을 믿어 주시기를 바라지만, 그러나 이 죄가 없다는 것을 자신의 본성과 시대 상황에서 해석해 주시기를 바랍니다. 그러나 외부적인 사정만으로, 이를테면 다른 할 일이나 걱정거리가 너무나 많았기 때문에 그런 일에까지 매달려 있을 수가 없었다는 그런 말씀만은 하지 말아 주시기 바랍니다. 이런 식으로 아버님은 언제나 자신에게는 아무런 죄가 없다고 말씀하시며 부당한 비난을 다른 사람쪽으로 돌리시는 것입니다. 그러나 그것에 대한 반박은 어느 경우에도 쉽고 자세하게 설명드릴 수 있습니다.

여기에서 문제는, 아버님께서 당신 자식들이 받아야만 한다고 생각하시던 교육이라기보다는 오히려 일종의 모범적인 생활이 아니었을까요. 만일 아버님의 유태교 정신이 좀더 강력했었다면 아버님이 실천하고자 했던 모범도 좀더 사람들을 쉽게 납득시켰을지도 모릅니다. 이것은 새삼스러운 비난이 아니라 오히려 아버님의 비난에 대한 단순한 방어일 뿐입니다. 아버님께서는 언젠가 프랭클린의 청년 시절에 관한 회상록을 읽으셨지요. 그것을 실제로 읽어 주셨으면 하고 제가 일부러 드린 것은, 아버님께서 빈정거리시며 주의를 주시던 그 채식주의에 대해서 씌어 있었기 때문만은 아니었습니다. 거기에 씌어져 있는 그 저자와 그의 자식과의 관계 때문이었습니다. 자식을 위해서 씌어진 그러한 추억 속에 나타나 있는 그 저자와 자식과의 자연스런 관계 때문이기도 했습니다. 저는 여기에 그러한 것들을 일일이 상세하게 열거하려는 생각은 없습니다.

아버님의 유태교에 대한 저의 이러한 견해를 어느 정도 뒷받침해 준 것이 달리 또 있다고 하면, 그것은 수년 동안 제가 유태적(的)인 일에 한층 열중하게 되었다고 생각하시게 된 후의 아버님의 태도입니다. 아버님은 처음부터 저의 일 하나하나에 대해서, 특히 제가 갖는 흥미에 대해서 혐오를 느끼고 계셨기 때문에 이 경우에도 그랬습니다. 그러나 여기에서는 그것 이상으로 당신이 하나의 작은 예외를 만드시는 것을 기대해도 좋을 것같이 생각되었습니다. 어쨌든 여기에서 일어난 문제는 다름 아닌 아버님의 유태교 정신입니다. 이것으로 인하여 아버님과 저 사이에 새로운 관계가 맺어진다고도 볼 수 있었습니다. 정직하게 말해서 이러한 일들에 대하여 만일 아버님께서 흥미를 나타내셨더라면, 오히려 그 때문에 저에게는 그러한 일들이 의심스럽게 여겨졌을지도 모릅니다. 물론 이 점에서 무엇인가 저 자신에게 아버님보다 뛰어난 점이 있다고 주장하고 싶은 생각은 전혀 없습니다. 그러나 그 일은 전혀 시도되지도 않았습니다. 제 손을 거쳤기 때문에 아버님은 유태교가 싫어지셨으며 유태교의 책자도 멀리하셨으며, 그것들은 아버님을 구역질나게 만들었던 것입니다 — 그러나 이 일은 다음과 같은 의미로 받아들여졌습니다.

아버님께서 어린 시절의 저에게 가르쳐 주신 것은 유태교야말로 유일하게 정당한 것이며 그 이상의 것은 아무것도 없다는 것이었습니다. 그러나 아버님이 설마 진심에서 그런 주장을 하시리라고는 전혀 생각할 수도 없었습니다. 그러나 거기에서 그 '구역질'이라는 말의 의미가 곧 — 그 말씀을 하신 것은 결국 유태교에 대해서가 아니라 저 자신에 대해서였다는 것은 별도로 해도 — 무의식중에 아버님은 아버님 자신의 유태교와 저에게 가르친 유태교의 약점을 인정하신 결과가 된 것입니다. 참으로 생각하기조차 싫습니다. 아버님은 생각나는 일 전부에 대해서 노골적인 증오를 나타내셨습니다. 한편 저의 새로운 유태교에 대해서 아버님께서 부정적인 방식이지만 인정하신 것은 참으로 과장된 것이었습니다. 첫째로 거기에는 아버님의 저주가 담겨 있었으며 둘째로 그것을 설명하기에는 동포들과의 관계가 우선되어야 하는데 제 경우에는 그것이 치명적인 약점이었습니다.

아버님을 향해 다소나마 싫은 정을 제가 쓴 책이며 그것과 관련이 있는, 아버님께서는 알지 못하는 사물에 맞

27세의 카프카

딱뜨렸을 때에는 이것과 비교해서 더욱 적중한 것이었습니다. 사실 저는 이때 어느 정도 아버님의 굴레에서 벗어나 독립을 누렸습니다. 저는 엉덩이를 발로 짓밟혔으므로 윗몸으로 몸을 비틀어 빼면서 옆으로 기어 나오려 용쓰는 벌레를 연상케 하는 점도 있기는 했습니다. 그래도 저는 어느 정도는 안전했습니다. 숨을 돌이킬 수가 있었습니다. 아버님이 물론 제가 쓴 것에 대해서도 갖게 된 혐오감이 이 경우만은 제게 있어서 요령있게 합리화 할 수 있었습니다. 저의 저서에 대한 아버님의 말씀, "침실 책상 위에 놓아 두어라" 하신 말은 저희들 사이에서 유명해졌습니다 — 책이 도착했을 때 대개 아버님은 트럼프를 치고 계셨습니다 — 저의 허영심, 저의 명예심이 받은 것은 비록 이러한 인사치레였습니다만 그러면서도 역시 저의 마음은 편안했습니다. 반항하려는 악의에서뿐만도 아니고, 우리들의 관계에 대한 저의 견해가 또다시 확인되었다는 기쁨에서뿐만도 아닌, 완전히 근원적으로 마음이 편안했었습니다. 왜냐하면 그 형식적인 인사말은 언제나 저에게 이런 식으로 들렸기 때문입니다. '자, 이제 너는 자유다!'

물론 그것은 착각이었습니다. 저는 자유인이 아니었습

니다. 아무리 좋게 보아도 아직 자유는 아니었습니다. 제가 쓴 글은 아버님을 대상으로 씌여졌는데 거기에서 저는 오직 제가 아버님의 가슴에 매달려 원망할 수 없는 것만을 호소했을 뿐입니다. 그것은 의도적으로 끌어 왔던 아버님과의 이별 과정이었습니다. 물론 그것은 아버님에 의해서 강요당한 것이기는 하지만 결국 저의 의지로 정해진 방향을 제대로 더듬은 것입니다. 그러나 그것들은 전부가 참으로 부질없는 것들뿐이었습니다. 만일 거기에 실제로 무엇인가 이야기할 만한 점이 있다면 그것은 단지 저의 생애 중에서 진행되어가는 과정의 일이기 때문입니다. 저의 생애에서가 아니면 그것은 전혀 문제가 되지 않았을 것입니다. 게다가 그것은 어렸을 때에는 예감으로서, 그 후에는 희망으로서, 다시 그 후년에는 종종 절망으로서 저의 생애를 지배해 왔기 때문이기도 합니다. 그리고 또 그것은 — 결국 아버님의 모습이 되어 — 제가 내린 일련의 조그마한 결단의 기록이기도 하기 때문입니다.

예를 들면 직업의 선택입니다. 분명히 아버님은 이 문제에서는 아버님다운 도량이 넓은, 그 의미에서는 참을성이 많다고도 할 수 있는 방법으로 완전한 자유를 부여해 주셨습니다. 확실히 이때에도 아버님은 아버님 자신의 기준이 되고 있던 유태인의 중류 계층에서의 보통 남자 아이에 대한 취급 방법, 혹은 적어도 그 계층에서의 기본적 가치 판단이 작용했습니다. 결국 이 경우에도 저라는 인물에 대한 아버님의 오해가 동시에 작용했습니다. 즉 아버님은 이전부터 아버지로서의 자부심에서, 또 저 자신의 본모습을 모르시기 때문에, 또 저의 허약한 점을 고려하셔서 저를 특별히 근면하다고 믿고 계셨습니다. 아버님 생각에 어렸을 때의 저는 항상 공부를 하고 있었던 것입니다. 그 후에도 계속 무엇인가 쓰고 있었던 것입니다. 그런데 이것은 사실과는 많이 왜곡된 일입니다. 오히려 솔직히 말씀드릴 수 있는 것은 저는 공부도 하지 않았으며 아무것도 외우지 않았습니다. 오히려 오랫동안 중위 정도의 기억력에 머물러 있었으며, 이해력도 별로 좋지 않은 편이었습니다. 그러나 그런 것은 사실 별로 눈에 띄지 않았습니다.

어찌 되었든 이것은 저의 지식의, 특히 기초 지식의 총결산입니다. 이것은, 외견상으로는 근심 없는 평온한 생활 속에서 낭비해 온 시간과 돈에 비교하면 매우 초라한 것입니다. 특히 제가 알고 있는 모든 사람들과 비교해 보아도 역시 그러합니다. 그러나 그것이 볼품없는 것이긴 해도 저로서는 충분히 이해할 수 있는 일이기도 합니다. 사물을 이해하게 된 이래로 저는 정신적으로 실존을 주장하는 데 가장 깊은 배려를 해왔기 때문에 다른 것들은 아무래도 좋았습니다. 유태인의 김나지움 학생들은 저희들이 있는 곳에서는 곧 눈에 띕니다. 그곳에서는 도저히 있을 것 같지 않은 일까지도 눈에 띕니다. 그런데 저의 그 냉정하고 솔직한, 변화에도 흔들리지 않는, 어린애답고 귀여운, 우스꽝스러울 정도로 동물적인 자기 만족을 느끼고 있는 무관심, 홀로 자신만이 만족스러운 그러나 냉정하게 공상적인 어린아이의 그와 같은 무관심은 다른 어느 곳에서도 본 일이 없습니다. 확실히 그것은 불안과 죄의식으로 인하여 생겨나는 신경 장애를 방지하는 유일한 방어수단이었습니다.

저는 저 자신에게만 정신을 몰두하고 있었습니다. 그것도 여러 가지 방법으로 말입니다. 이를테면 건강에 대한 근심 걱정이 그것입니다. 그것은 어쩐지 저도 모르게 시작되었습니다. 소화불량과 탈모, 척추의 만곡(彎曲) 같은 일로 인하여 약간 걱정이 되는 일이 종종 있었습니다. 그것은 헤아릴 수 없을 정도의 여러 단계를 거쳐 차츰 심해

지다가는 마침내 진짜 병이 되어 버렸습니다. 그러나 저는 어떠한 일이든 자신이 없었기 때문에 항상 자신의 생존에 대한 새로운 확증이 필요했습니다. 저 자신만의 의심할 여지없는 소유물, 오직 저 혼자서 확실하게 결정할 수 있는 소유물, 그런 것은 아무것도 없었습니다. 사실 저는 소유권 주장할 권리를 상실한 자식이었습니다. 그래서 저는 자신과 가장 가까운 육체에까지도 자신을 가질 수 없게 되었습니다. 나날이 키는 자랐습니다만 어떻게 해야 좋을지 힘겨웠습니다. 짐이 너무 무거웠습니다. 등이 굽기 시작했습니다. 저는 전혀 몸을 움직여 보려고 하지 않았으며, 체조를 해볼 생각도 하지 않았습니다. 허약한 채로 있었습니다. 그리고 제가 자유로이 할 수 있는 것은 모두 기적인 양 눈을 크게 뜨고 보았습니다. 이를테면 소화가 잘 될 경우가 그것입니다. 그러나 그것을 이상하게 여길 뿐 오히려 그것을 잃어버리는 것으로 충분했습니다. 온갖 우울증에의 길은 열려 있었습니다.

그 후 결혼할 생각으로 인간으로서 할 수 있는 최대한의 노력을 하고 있는 동안에 각혈을 했습니다. 이것은 쉰보른 궁전(프라하 시에 있는 유럽 굴지의 아름다운 고성(古城). 1917년 F와의 결혼 준비를 위해 많은 돈을 내고 우연히 그 방 하나를 빌었는데 천장이 높고 난방이 부실한 까닭에 그 해 8월 24일 각혈을 했다) 안에 있던 방과도 충분히 관계가 있을 것입니다. 그러나 그 거처는 오직 글을 쓰는 데 필요했던 것입니다. 아버님이 언제나 생각하시는 것과 같이 큰 사건이 발단이 되어 일어난 것은 아니었습니다. 저는 건강했었는데도, 아버님께서 일생 동안 아프신 기간을 포함해 평생동안 소파에 누워계셨던 것보다 더 긴 시간을 안락 의자에 누워 지낸 시절이 있었습니다. 제가 매우 바쁜 듯이 아버님에게서 도망친 일이 있다면 그것은 대개 제 방에서 뒹굴기 위한 것이었습니다. 사무실에서나 — 확실히 거기에서는 게으름을 피워도 별로 남의 눈에 띄지 않았고 게다가 저는 겁쟁이였으므로 일정한 경계는 유지하고 있었습니다만 — 집에서나 제가 한 일은 아주 적은 양이었습니다. 만일 그것을 전부 훑어보셨더라면 매우 놀라셨을 것입니다. 그러나 저는 천성적으로는 게으름뱅이가 아닌 모양입니다. 다만 저에게는 할 일이 아무것도 없었던 것입니다. 제가 생활했던 그 장소에서도 배척당하고, 형편없는 취급을 받았으며 짓눌렸습니다. 그곳에서 어딘가 다른 장소로 도망치려고 맹렬히 노력해 보았지만 그것은 노력한다고 되는 일이 아니었습니다. 그곳에서 문제가 되었던 것은 저의 힘을 남김없이 쏟는다 해도 성취할 수 없는 어떤 불가능한 것이었습니다.

결국 이와 같은 상태에서 저는 직업 선택의 자유를 얻은 것입니다. 이러한 제가 그런 자유를 실제로 관리할 수 있는 능력이 있었겠습니까? 그리고 또 실제적인 직업을 가질 수 있다고 자신있게 말할 수 있었겠습니까? 자신에 대한 저의 평가는 다른 그 무엇보다도 이를테면 어떤 외부적인 성과 같은 것보다도 훨씬 더 아버님에게 얽매여 있었습니다. 그것에 비해 저의 외부적인 성과는 그 순간에는 용기를 줍니다. 그러나 그때뿐입니다. 곧 이어 아버님의 무게가 더욱 강하게 저를 끌어내리는 것이었습니다. 저는 초등학교의 최상급반에 올라갈 수 없을 것이라는 생각이 들었습니다. 그런데 최상급반에 갈 수 있었을 뿐 아니라 상까지 받았습니다. 또한 김나지움의 입학 시험에는 합격하지 못하리라고 생각했습니다. 그런데 성공했습니다. 또 김나지움에서는 틀림없이 낙제할 것이라고 생각했으나 역시 낙제하지 않고 계속해서 진급할 수 있었습니다.

그렇다고 해서 그러한 결과가 저에게 결코 확신이 생긴 것은 아닙니다. 오히려 정반대였습니다. 다른 사람을 가까이 오지 못하게 하는 아버님의 안색에서 분명히 그 증거를 확인할 수 있었습니다 — 저에게는 잘 되어가면 갈수록 결국은 나쁜 결과만 생긴다는 것이었습니다. 저는 종종 마음속에 무서운 교수 회의를 연상했습니다 — 김나지움은 가장 조직적인 실례에 불과합니다. 저를 둘러싸고 있는 것은 어디에서나 대동 소이했습니다 — 만일 제가 1학년을 통과했으면 2학년 초에, 2학년을 통과했으면 다시 3학년 초에 순차적으로 거슬러 올라가며 그 교수 회의에서는 이 유례 없는, 모든 사람이 이해할 수 없는 사건을 조사하려고 합니다. 참으로 무능하고 세상에서 둘도 없는 저라는 무지한 놈이 어떻게 이런 상급반에까지 기어 올라올 수 있었는지 모든 사람들의 주의가 제게 쏠린 이상, 물론 곧 사람들은 저에게 침을 뱉을 것이고 이러한 악몽에서 해방된 정의의 아이들은 일제히 환성을 지를 것입니다.

이런 망상을 품고 지낸다는 것은 어린아이로서는 견뎌내기 쉬운 일이 아닙니다. 이런 상황에서 수업 같은 것이 제게 무슨 흥미가 있겠습니까. 그러한 저에게 그 누가 흥미라는 불꽃을 타오르게 할 수 있었겠습니까. 그러한 제가 수업이라는 것에 — 수업만이 아닙니다. 중요한 시기에 있는 저를 둘러싼 모든 것이 그랬습니다 — 흥미가 있었다면, 마치 은행 사기꾼이 자기 죄가 당장 탄로 나지 않을까 두려워하며 여전히 행원으로서 처리해야 할 사소한 은행 업무를 보는 것과도 같은 흥미였습니다. 마음에 간직한 관심사 이외의 모든 것이 제겐 아주 하찮고 아주 무관한 것들이었습니다. 그러한 상태는 졸업 시험 때까지 계속되었습니다. 그 졸업 시험도 사실은 거의 현기증 속에서 간신히 통과했습니다. 그것이 끝나자 이제야말로 저는 자유였습니다. 그러나 잠시 자유로운 상태가 된 지금도, 김나지움의 속박을 받으면서 자신의 일에만 마음을 쓰고 있던 때와 조금도 달라진 게 없습니다. 저에게는 직업 선택에 대한 자유가 없었던 것입니다.

아무튼 저의 중요한 일에 비한다면 모든 직업들이 김나지움에서 배운 과목들과 마찬가지로 어느 쪽이든 상관없다는 것은 저도 알고 있었습니다. 그러므로 저의 허영심을 별로 손상시키지 않고 이 무관심을 적당히 허용해 줄 직업을 찾아내는 일이 문제였습니다. 그리하여 법률학을 선택한 것은 당연한 일이었습니다. 허영심과 무의미한 희망 등으로 2주일 동안 화학 공부도 했고, 반 년 동안 독일어 공부도 했지만 이러한 반대되는 조그마한 시도는 법률학에 대한 근본 신념을 강화시킬 뿐이었습니다. 이렇게 해서 저는 법률학을 연구하게 되었습니다. 이것은 결국 시험 전의 수 개월 동안 신경을 몹시 소모시키면서, 게다가 정신적으로는 수천 명의 입에서 미리 씹혀진 톱밥 가루를 먹으며 틀에 박힌 듯이 몸을 부양했다는 것을 의미합니다. 하지만 이것은 어떤 의미에서 마치 예전의 김나지움이나 그 후의 관리 생활 때와 비슷하게 어울리는 맛이었다고 말할 수 있습니다. 이것은 모두가 저의 상황에 꼭 어울리는 것이었으므로 어찌 되었든 저는 놀라운 선견 지명을 발휘한 것이 됩니다. 어렸을 때의 저는 이미 공부나 직업에 있어서 거의 확실한 예감을 갖고 있었습니다. 그후 저는 여기로부터 빠져 나가는 것은 전혀 기대하지 않았습니다. 이미 오래 전에 단념하고 있었습니다.

저에게 결혼이 가지는 의의와 가능성에 대해서 저는 아무런 선견 지명이 없었습니다. 지금까지의 제 생애에 있어서 최대의 공포라고도 할 수 있는 것이 현실로 갑자기 닥쳐온 것입니다. 저라는 어린아이는 참으로 더디게 성장해 왔습니다. 그러므로 지금까지의 저에게 이런 일은 저와 별로 관계없는 일처럼 보였습니다. 때로는 이 일에 대해 어쩔 수 없이 생각해 볼 필요도 느꼈습니다. 그러나 이런 일로 인해 일에 영속적이고 결정적인 시련, 그것도 가장 격렬한 시련이 기다리고 있으리라고는 생각지도 못했습니다. 그러나 결혼은 무엇보다도 규모가 크고 희망 있는 탈출 계획이었고 그만큼 실패할 경우 상처의 파장은 큰 것이었습니다.

이 방면에서는 모든 것이 실패였으므로 저는 아버님이 저의 결혼 계획을 이해해 주시지 않으리라 생각하고 있습니다. 더욱이 이 편지가 성공을 거두느냐 못 거두느냐는 이 한 가지에 달려 있으니까요. 왜냐하면 제가 자유로이 쓸 수 있는 적극적인 힘의 전부가 여기에 집중되어 있으며 또 한편으로 여기에는 이제까지 아버님의 교육의 부산물의 결과라 할 수 있는 모든 소극적인 힘도 맹렬한 기세로 집중되어 있습니다. 그것은 연약한 마음이라든가 자신감의 결핍이라든가 죄의식 같은 것입니다. 그러한 것들이 저와 결혼 사이에 분명하게 존재하여 경계의 선을 그어 놓고 있었습니다. 제가 이 문제를 설명하기가 어려운 이유는 이 문제에 대하여 아주 오랫동안 밤낮 없이 생각하고 파헤쳤기 때문에, 지금 제 눈에 이 모든 것이 분간할 수 없을 정도로 뒤엉켜 보이기 때문입니다. 그러나 저에게는 이 사건에 관한 아버님의 잘못된 이해가 오히려 제가 설명하기 곤란했던 점이 조금은 수월해진 것 같기도 합니다. 그만큼 철저한 오해라면 이것을 약간 정정하는 일은 별로 어렵지 않으리라고 봅니다.

  우선 아버님은 제 결혼 계획의 실패를 제가 실패한 그 외의 것과 같은 선상에 놓으셨습니다. 지금까지의 실패에 대해 반대할 구실은 아무것도 없습니다. 다만 이것은 실패라는 것에 대해서 이제까지 제가 설명한 바를 아버님이 승인해 주신다는 전제 아래에서의 일입니다. 사실 그것은 같은 성격을 갖고 있기는 합니다. 그러나 아버님은 이 일의 의미를 너무 가볍게 생각하고 계십니다. 그렇기 때문에 서로 이 문제에 대하여 이야기를 나누어도 마치 처음부터 다른 문제에 대해서 전혀 다른 이야기를 하고 있는 것처럼 됩니다. 감히 말씀드립니다만 아버님의 생애에서 저의 결혼 계획만큼 큰 의의를 지닌 일은 한 번도 있어 본 적이 없습니다. 그렇다고 해서 본래 그만큼 의의 있는 일을 단 한 가지도 경험하시지 않았다고 말씀드리는 것은 아닙니다. 오히려 아버님의 삶은 저의 삶에 비해서 훨씬 풍요롭고 격동적이고 절박한 것이었습니다. 그래서 아버님에게는 이런 종류의 일이 한 번도 일어나지 않았던 것입니다.

예를 들어 어떤 사람은 낮은 계단을 다섯 단(段) 올라가야만 하고, 다른 사람은 한 단만 올라가도 됩니다. 단지 그 사람에게 있어서 한 단은 처음 사람의 다섯 단을 합친 정도의 높이만큼 높게 느껴진다는 것이죠. 그 처음 사람은 다섯 단뿐만 아니라 백 단이든 천 단이든 척척 정복해 갈 것입니다. 그는 위대하고 극히 박진감 넘치는 생애를 보낸 것이 되겠죠. 그러나 그가 올라간 다섯 계단 중의 한 단이라도 두번째 사람처럼 높으면서도 전력을 다해도 올라가기 어려운 한 단, 그곳까지 뛰어넘을 수도 없는 그 한 단이 가지고 있는 의의를 과연 그 첫번째 사람도 갖고 있을까요.

결혼을 한다는 것, 한 가정을 구성한다는 것, 태어날 자식들을 이 불안정한 세상에서 양육할 뿐만 아니라 그들을 올바로 이끌어 주는 일, 이것은 제가 확신하는 바로는 일반적으로 한 사람의 인간이 성취할 수 있는 최대한의 것입니다. 언뜻 보기에 많은 사람들이 간단히 이 일에 성공하고 있는 듯이 보이지만 그것이 그에 대한 아무런 반증이 되지 않습니다. 왜냐하면 첫째, 실제로 많은 사람들이 이 일에 다 성공을 거두고 있는 것은 아닙니다. 둘째로 그 많지 않은 사람들도 대개는 그것을 자신이 스스로 '행

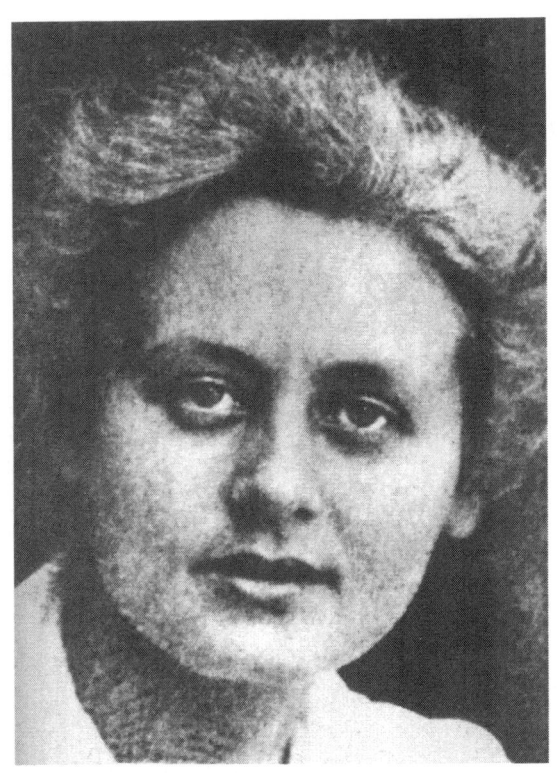

카프카의 연인, 밀레나 예젠스카

한다'기보다는, 단순히 그들과 함께 '일어난다'는 것뿐입니다. 이것은 도저히 최고로 만족스러운 것은 아닙니다만 그것만으로도 매우 훌륭하고 실로 명예스러운 것입니다. 특히 '행한다'와 '일어난다'는 순수하게 서로 구별하기 어려우므로 결국 문제가 되는 것은 다만 이 최대한의 그 자신이 아니라 그곳에서는 멀지라도 끊임없이 그곳으로 가까이 가려고 하는 것뿐입니다. 반드시 태양 한복판으로 뛰어 들어갈 수는 없어도 어딘가 지구상의 깨끗한 한쪽 구석으로 기어 들어가면 태양이 때로 그곳까지 비쳐서 조금은 따뜻해질 수가 있으니까요.

그런데 저는 여기에 대하여 어떤 준비를 하고 있었을까요. 도저히 이야기할 수 없을 정도로 형편없는 것이었습니다. 그것은 이미 지금까지 말씀드린 것만으로도 충분히 피력한 가장 두드러진 것입니다. 누구나 이것에 대해서는 각자가 직접 준비해야 하고 필요한 전반적인 근본 조건도 직접 자신이 만들어 나가는 것이 당연한 이상 아버님께서도 별로 간섭을 하지 않으셨습니다. 그럴 수밖에는 다른 방법이 없었습니다. 여기에서 결정권을 갖고 있는 것은 계급이나 민족, 시대의 일반적인 성적(性的) 풍습입니다. 특히 아버님은 이 문제에 대해서도 간섭을 하시지 않았지만, 그것은 그다지 대단한 것도 아닙니다. 이런 종류의 간섭이 가능하기 위해서는 반드시 상호간의 강한 신뢰가 필요하기 때문입니다. 그런데 우리 두 사람에게는 이미 오래 전부터 특히 이 중요한 시기에 있어서 그것이 결여되어 있었습니다. 실제로 아버님과 제가 필요로 하는 것은 전혀 달랐기 때문에 별로 행복하지는 못했습니다. 저를 감동시키는 것이 아버님 기분에는 전혀 맞지 않는 일도 있었으며, 반대로 아버님의 경우에는 죄가 되지 않는 일도 저의 경우에는 죄가 될 수 있었습니다. 또 반대로 아버님의 경우에는 아무런 의미 없이 그칠 일도 제게 있어서는 소름끼치는 관 뚜껑이 될 수도 있었습니다.

저는 기억하고 있습니다. 어느 날 석양 무렵 아버님 어머님과 함께 산책을 갔을 때의 일입니다. 지금의 연방 은행 근처의 요제프 광장이었습니다. 그 흥미로운 문제에 대하여 제가 이야기를 꺼냈습니다. 바보처럼 허풍을 떨며 거만하고 매몰차게 — 이것은 거짓이었습니다 — 냉혹하게 — 이것은 사실이었습니다 — 그리고 아버님과 이야기할 때 대개 그랬듯이 말을 더듬으면서 말입니다. 아버님을 비난하면서, 저 자신은 가르침을 받지 못하고 그대로 방치되었으며 저의 동급생만이 나에게 관심을 보여주었기 때문에 그들과 어울리며 위험에 처할 상황이 여러 번 있었다는 것을 비난의 어조로 말씀드렸습니다 — 여기에서 저는 저 나름으로 파렴치한 거짓말을 했습니다. 자신을 용기 있는 사람으로 보이고 싶었습니다. 사실 저는 소심했기 때문에 '큰 위험' 같은 것을 생각해 본 적이 없었습니다 — 결론적으로 저 자신은 '다행스럽게도 이제는 모든 것들을 알고 있다. 더 이상 아무런 충고도 필요 없다. 만사가 해결되고 있다'는 뜻을 비쳤습니다. 어찌 되었든 특별히 제가 이 일을 끄집어낸 이유는 적어도 그 일에 대해 이야기하는 것 자체가 저로서는 유쾌했기 때문입니다. 거기에는 호기심도 작용했습니다. 그리고 마지막으로 어떻게 해서든지 어떤 일로든지 아버님에게 복수를 하고 싶었습니다.

아버님께서는 평소의 성품대로 그것을 극히 간단히 받아들이시고, 어떻게 하면 제가 위험 없이 이러한 일들을 처리해 나갈 수 있을지 제게 충고해 주시겠다고 말씀하셨을 뿐입니다. 다분히 그때 제가 끄집어내려고 생각했던 대답이라는 것은 고기나 그 밖의 사치스러운 것을 지나치게 많이 먹어서 육체적 활동은 기피하고 자신에게만 몰두하는 소년의 색정(色情)과도 비슷한 것이었습니다. 그러나 역시 저의 표면상의 수치심이 그것으로 인해서 손상을 당한 것인지 아니면 틀림없이 손상을 당했다고 믿었기 때문인지 본래의 의도와는 달리 더 이상 이 일에 대해 이야기할 수 없게 되어, 오만하고 뻔뻔스럽게 아버님과의 대화를 중단해 버렸습니다.

그 당시에 아버님의 대답에 대해 판단하는 것은 쉬운 일이 아니었습니다. 한편으로 그 대답은 역시 압도적으로 개방적이어서 어느 정도 원시적인 데가 있었습니다. 또 한편으로는 확실히 그 교훈 자체에 관한 한, 극히 현대적이고 단호한 것이기도 했습니다. 그때 제가 몇 살이었는지는 모르겠습니다. 물론 열여섯 살보다 더 많지는 않았을 것입니다. 그러나 저처럼 젊은 사람에게 있어서 그것은 역시 극히 주목할 만한 대답이었습니다. 그리고 그것은 사실 처음으로 직접 아버님으로부터 받은 처세훈이기도 했는데, 그 점에서도 우리 두 사람 사이에는 거리가 있었음이 드러났습니다. 그 교훈의 본래 의미는 그때 이미 제 몸에 스며들었습니다만 훨씬 후에야 그것을 어느 정도 의식하기에 이르렀습니다. 그것은 이러했습니다. 그때 저에게 충고해 주신 말은 아버님의 의견으로서나 그 당시의 저의 생각으로서나 세상에서 가장 불결한 일을 하도록 하는 것이었습니다. 제가 육체적으로 이 불결한 몸으로 조금이라도 집에 갖고 돌아오지 않도록 의도하신 것은 본질적인 것은 아니었습니다. 그렇게까지 해서 지키려고 하신 것은 오직 아버님 자신이었고 자신의 가정뿐이었습니다. 중요한 점은 오히려 아버님 자신이 자신의 충고 외는 상관없이 살아오셨다는 것입니다.

한 사람의 남편으로서 순결한 남성으로서 불결한 일로부터는 초연하게 넘어가시는 분이셨습니다. 더욱이 당시의 저에게는 이 점을 더한층 격렬하게 만드는 것이 있었습니다. 왜냐하면 저에게는 결혼이라는 것이 철면피한 것으로 생각되었고 따라서 일반적으로 세상의 결혼에 대해서 들은 것을 부모님에게 적용시킬 수가 없었습니다. 그 때문에 아버님은 더욱 순결하게 되었고 한층 높은 곳에서 우러러 받들어지는 결과가 되었습니다. 아버님께서는 결혼 전의 자신에 대해서도 이와 비슷한 충고를 하셨을지도 모른다는 생각은 전혀 하지 않았습니다. 이런 까닭으로 아버님은 속세의 불결함은 조금도 묻지않은 분이셨습니다. 더욱이 바로 그런 분이, 마치 저라는 사람이 그곳에 속한 사람인 것처럼 서너 마디 노골적인 말씀으로 저를 이 불결 속세로 떨어뜨리셨습니다. 그러므로 이 세상

막내여동생 오틀라와 함께 (1917/18)

이 저와 아버님만으로 존재한다는, 저에게는 매우 친숙한 그 관념이 만일 사실이라고 한다면 이 세상의 순결이 아버지로 끝났을 것이고 아버님의 충고의 힘에 의하여 불결이 저로부터 시작되었을 것입니다. 아버님이 저에게 그런 식의 선고를 하셨다는 것은 그것만으로도 아버님과 저와의 차이를 이해할 수 있는 일이었습니다. 다만 아버님 측에서의 오래된 죄(罪)와 가장 깊은 경멸만이 저에게 그것을 설명해 줄 수가 있었습니다. 그래서 저는 이것으로 또다시 저의 가장 깊은 내부의 본질속에 사로잡히게 되었습니다. 더욱 견고하게.

우리 두 사람 중 그 어느 쪽에도 죄가 없다는 것은 아마도 여기에서 가장 뚜렷하게 나타난 것 같습니다. A가 B에게 노골적으로 자신의 인생관에 어울리는, 별로 아름답지는 않지만 그러나 오늘날에도 사람들 사이에서 많이 이용되고 있으며 다분히 건강을 예방하는 것 같은 충고를 한다고 합시다. 그러나 이 충고는 B에게 있어서 도덕상으로 도움이 되는 것은 아닙니다. 그렇다고 오랜 세월 동안 스스로 애써 노력한다면 자신의 상처를 치유할 방법을 찾지 못하였을까요? 그러나 그는 이 충고에 전혀 따라야 할 이유가 없습니다. 어찌 되었든 이 충고에는 미래

세계가 붕괴돼 B에게 영향을 줄 실마리는 하나도 없습니다. 그러나 무슨 일이 일어나게 된다면 바로 세대 차이에 기인하게 될 겁니다. 왜냐하면 그것은 A가 아버님이고 B가 저라는 이유 때문이었습니다.

이들 쌍방에 아무런 죄가 없다는, 저에게 특별히 잘 간파된 또 한 가지 이유는 우리들 사이에 이와 비슷한 충돌이 — 전혀 다른 사정 아래에서입니다만 — 그로부터 약 20년이나 지난 후에 다시 한 번 일어났기 때문입니다. 사실은 소름이 끼칠 일이었지만 그것 자체만으로는 훨씬 상처가 적은 일이었습니다. 저라는 36세나 된 인간이 상처를 당할 곳이 없었으니까요. 제가 말씀드리는 것은 결혼에 대한 저의 마지막 의향을 알려 드리자 매우 격앙되셨던 아버님께서 어느 날 잠깐 입에 담으신 말씀입니다. 대략적으로 이렇게 말씀하셨습니다. "그녀는 아마도 훌륭한 블라우스를 입고 있었겠지. 그것은 프라하의 유태인 여인들이 즐겨 쓰는 수법이야. 너는 그 이유로 그녀와 결혼하기로 작정했겠지. 그것도 될 수 있는 대로 빨리, 일주일 이내에 말이다. 내일이나 오늘이 될 수도 있을 거야. 네 마음을 이해할 수 없구나. 너는 장성한 어른이고 도시에서 살고 있지 않느냐. 그렇게 당장 마음에 드는 여자만 나타나면 서둘러 결혼이나 하려 하고 어찌할 바를 모르는구나. 어떻게 달리 방법이 없느냐? 만일 그것이 두렵다면 내가 너와 함께 가주마." 아버님은 이보다 더 자세하고 명료하게 말씀하셨습니다. 그러나 더 이상 자세한 것은 기억이 나지 않습니다. 그때 아마도 약간 눈앞이 흐려졌던 모양입니다. 저는 어머님 쪽 반응에 더 많은 관심을 갖고 있었습니다. 어머니는 아버님과 똑같은 의견이셨지만 그래도 무엇인가 테이블 위에서 집어 들고 방에서 나가셨습니다.

그 이상 심하게 저를 말로써 자존심에 상처를 주신 일은 일찍이 없었던 것 같습니다. 또 그때만큼 분명하게 저에게 경멸을 나타내신 일도 없었습니다. 20년 전에 그와 비슷한 말씀을 하셨을 때에는 아버님의 눈에서 조숙한 도시의 젊은이에 대한 다소 경외심 비슷한 것을 엿볼 수가 있었습니다. 아버님의 의견으로는 제가 한눈을 팔지 않고 세상에 나가려면 그렇게 해도 좋다는 것이었습니다. 오늘날은 이 배려가 오히려 경멸감만 더해 안겨다줄 뿐이었습니다. 왜냐하면 그 당시 첫출발을 시도했던 젊은이는 그대로 그곳에 정체해 버렸고, 아버님의 눈에는 무엇 하나 경험이 축적된 것으로는 보이지 않고 오직 20년 동안 그 세월만큼 그만큼 초라해 보였을 것입니다. 한 사람의 처녀에 대한 저의 결정 따위는 아버님에게는 전혀 아무런 의미도 없었습니다. 아버님은 저의 결단력을 무의식적으로 항상 억누르고 계셨습니다. 그런데 이제와서는 그것이 어느 정도의 가치가 있는 것인가를 지금도 역시 무의식적으로 아시겠다는 생각을 하신 것입니다. 여러 가지 다른 방향으로 시도해 온 저의 탈출 계획에 대해서는 아무것도 모르셨습니다. 그래서 마침내 이 결혼 계획에까지 이르게 된 저의 생각의 줄거리는 아무것도 모른 채 단지 추측과 짐작을 통해 판단하셨고, 전부터 저에 대해 품고 계셨던 생각에 따라서 그것을 무엇보다도 혐오스럽고, 천하고 우스꽝스러운 짓으로 결론을 내리셨습니다. 더군다나 그러한 아버님의 행동을 사실대로 말씀하시는 데 조금도 주저하시지 않았습니다. 그 일로 해서 아버님이 저에게 가하신 모욕은 — 아버님의 의견에 의하면 — 저의 그 결혼으로 인한 아버님의 이름에 씌운 불명예에 비하면 아무것도 아니라는 것이었습니다.

아버님은 저의 결혼 계획에 대하여 실제로 여러 가지 회답을 주실 수가 있었으며 또 사실 회답을 주셨습니다. 제가 F와의 혼약을 두 번 약혼했다가 두 번 다 파혼하는 와중에 아버님과 어머님은 약혼식 때문에 베를린까지 갔다가 헛걸음을 하시게 되었으므로 아버님이 저의 결심에 대하여 찬성을 표하실 수는 없었을 것입니다. 이것은 모두 사실입니다. 그러나 왜 그렇게 되었을까요.

두 차례의 결혼 계획의 근본 취지는 전혀 나무랄 데가 없었습니다. 새 가정을 꾸려서 독립한다는 것이었습니다. 그러한 근본 취지에 대해서는 아버님께서도 동감하셨습니다만 그 결과가 마치 어린아이의 장난과 같았습니다. 즉 어떤 사람이 상대방의 손을 꽉 잡고 누르면서 이렇게 외치는 것과 같습니다. "자, 가거라. 가라니까. 왜 가지 않느냐?" 우리들의 사정이 복잡하게 되어 버린 이유는, 아버님께서 옛날의 경우처럼 장난이 아닌 진심으로 '자, 가거라' 하심으로 일이 더 복잡해 버렸습니다. 사실은 자신의 위엄으로 저를 붙잡으셨을 뿐 아니라 계속 꽉 누르려고만 하셨다는 것이 더 정확합니다.

두 명의 여성은 우연이기는 하지만 매우 신중하게 선택했습니다. 저처럼 소심하고 굼뜨고 게으르며 의심이 많은 인간이 갑자기 결혼할 결심을 하게 된 이유가 하나의 블라우스에 반했기 때문이라고 믿으시는 것은 또다시 아버님의 완전한 오해였습니다. 두 여자 중 어느 한쪽과의

※ 결혼은 오히려 이성적(理性的)인 결혼이 되었을 것입니다. 처음에는 수년 동안, 두 번째에는 수개월 동안, 밤낮을 가리지 않고 자신의 사고력의 전부를 집중시켜서 세운 계획이었으니까요.

어느 쪽 여성도 저를 속이지는 않았습니다. 단지 제가 그 두 사람을 속인 것입니다. 그 두 사람에 대한 저의 판단은 오늘날에도 그녀들과 결혼하려고 마음 먹었던 그때와 조금도 변함이 없습니다.

제가 두 번째 결혼을 계획했을 때 최초의 결혼 계획의 경험 같은 것을 문제삼지 않았다고 하여 제가 경솔하지 않았느냐고 생각하실지 모르지만 그런 일은 없었습니다. 양쪽의 사정이 전혀 달랐습니다. 두 번째의 경우가 전체적으로 훨씬 희망이 있었는데 그것은 지난번의 경험이 희망을 주었기 때문입니다. 상세한 것을 여기에서 말씀드릴 생각은 없습니다.

그럼 왜 제가 결혼을 하지 않았을까요. 어디에나 있듯이, 이 경우에도 약간의 장애는 있었습니다. 그러나 이러한 장애를 극복하는 일에 인생의 의미가 있는 것입니다. 그러나 제 경우에는 유감스럽게도 개별적인 경우와는 관계없는 근본적인 장애가 있었습니다. 그것은 제가 명백히

펠리체 바우어와 두번째 약혼식.
카프카는 그녀와 처음 약혼했으나 한달후 파혼하였다 (1917년)

정신적으로 결혼 무능력자였다는 것입니다. 이것은 제가 결혼을 결심한 그 순간부터 이미 잠을 이룰 수 없었다는 점에서 분명하게 드러났습니다. 밤이나 낮이나 할 것 없이 머리가 뜨거웠습니다. 그것은 이미 삶이 아닙니다. 저는 절망적으로 비틀거리며 돌아다니고 있었습니다. 그 원인은 엄밀하게 말하면 결혼에 대한 걱정 같은 것은 아닙니다. 원래 저는 우울증인 데다가 어떤 일에든 구애받는 처지였으므로 수없이 많은 걱정이 따라다니고 있었으나 그 걱정들이 결코 결정적인 이유는 아닙니다. 비록 시체에 달라붙은 구더기처럼 그것들이 마지막 마무리는 하였지만 결정적인 타격을 준 것은 다른 것이었습니다. 그것은 불안과 심약함과 자기 경멸의 기분에서 오는 총체적인 강박 중세였습니다.

저는 그것을 좀더 상세하게 설명해 보고 싶습니다. 아버님과 저의 관계는 두 가지 측면이 있어서 분명히 대립되고 있는데 이 결혼 계획의 경우에도 다른 경우와 비교가 되지 않을 정도로 강하게 서로 충돌하고 있었습니다. 결혼은 확실히 가장 강력하게 자기 해방과 독립을 보증하는 것입니다. 제가 가정을 갖는다고 합시다. 이것은 제 생각으로는 사람이 달성할 수 있는 것 중의 최소의 것이고 아버님께서 이루신 것 중의 최고의 것이기도 합니다. 따라서 거기에서는 제가 아버님과 동격이 되고, 과거와 새롭게 반복되는 모든 굴욕과 횡포는 단순한 한바탕의 흘러간 이야깃거리에 불과하게 됩니다. 분명히 동화 비슷한 것이 되어 버릴 것입니다. 그러나 거기에야말로 바로 문제삼아야 할 점이 반드시 있습니다. 왜냐하면 이것은 과욕이기 때문입니다. 욕심이 지나치면 현실적으로 도저히 달성할 수가 없습니다.

예를 들어 누군가가 감옥에서 도망치려는 계획을 세웠다고 가정합시다. 도망갈 생각뿐이라면 아마도 잘 될지도 모르겠습니다. 그런데 동시에 그 감옥을 자신의 별장으로 개축하려는 마음까지 생겼다면 어떻게 될까요. 도망을 치면 개축을 할 수가 없습니다. 개축을 한다면 도망칠 수가 없습니다. 아버님께 대하여 제가 놓여 있는 이 특별히 불행한 관계 속에서 독립하려는 생각을 한다면 무엇인가 될 수 있는 대로 아버님과는 전혀 관계가 없는 일을 하지 않으면 안 됩니다. 결혼은 그러기 위한 최대의 방법이고 무엇보다도 명예스러운 독립을 부여해 주기는 합니다만, 그러나 동시에 그것으로 인해 아버님과 가장 밀접한 관계를 맺게 되는 일이기도 합니다. 그렇기 때문에 그곳에서 빠져 나오려고 생각한다면, 그것은 생각없는 행동이 될 것이고 어떠한 시도를 꾀한다 하여도 거의 비슷한 낙인이 찍히게 될 것입니다.

이 밀접한 관계는 오히려 제 마음을 결혼 쪽으로 부추깁니다. 결혼 후 우리들 사이에 성립될 대등한 관계에 대하여 생각해 봅니다. 그렇게 되면 저는 자유스럽고 은혜를 저버리지 않고 죄를 짓지 않는 착한 자식이 될 것이고 아버님도 마음고생하지 않고 횡포도 부리지 않으며 동정심 있고 항상 만족하는 분이 되실 것입니다. 그러니까 그것만으로도 그 누구와도 비교되지 않을 정도로 아름다운 이해를 거기에 대해 가지실 것이라고 생각해 봅니다. 그러나 그렇게 되려면 무엇보다도 지금까지 일어났던 일체의 일들이 일어나지 않았던 것으로 되어야 하겠죠. 결국 우리들 자신을 지워버려야만 할 것입니다.

그러나 저의 결혼은 그야말로 아버님의 독무대로 막을 내렸습니다. 저는 곧잘 세계 지도를 펼쳐 놓고 그 위에다 아버님을 비스듬히 확대시켜 보았습니다. 그때 저에게는 아버님이 비춰지지 않는 지역과 아버님의 행동 반경에 들어 있지 않은 지역만이 저 자신의 생애에 있어서 생활반경이 될 것으로 생각되었습니다. 아버님의 훌륭하신 점에 비해서 — 제가 생각하는 바에 의하면 — 그런 지역들은 별로 많지 않고 별로 위안도 되지 않는 지역들입니다. 그래서 특히 결혼 같은 것은 그 속에 들어 있지도 않습니다.

이렇게 아버님과 저를 같은 선상에 놓는 것만으로도 이미 저로서는, 아버님이 아버님 자신의 모범에 의하여 가게에서와 똑같이 결혼으로부터도 저를 추방시켜 버리셨다고 말씀드릴 생각이 없다는 것을 증명하고 있습니다. 그뿐만 아니라 설사 닮은 점이 적다 하더라도 저에게 있어서 두 분의 결혼은 여러 가지 점에서 모범이 되는 결혼이었습니다. 성실한 면이나 서로 협력하는 면에서나 자식들의 수에 있어서나 모범적이었습니다. 자식들이 자라서 차츰 평화를 어지럽히게 된 후에도 두 분의 결혼, 그 자체는 여전히 그런 일들로 인하여 아무런 방해를 받지 않으셨고 변함이 없으셨습니다. 아마도 이런 모습이 있었기 때문에 다분히 결혼에 대한 저의 높은 이상(理想)도 만들어졌을 것입니다. 그러나 결혼에 대한 저의 욕망이 무력했었던 것에는 따로 여러 가지 이유가 있었습니다. 그것은 아버님과 자식들간의 관계 속에서 비롯된 것들이 있었습니다. 그리고 이것이야말로 이 편지 전체가 문제삼고 있는 점입니다.

 이러한 의견이 있습니다. 부모님에게 자신이 범한 죄를 혹시 나중에 자식들이 자기에게 반복하지 않을까 하는 염려에서 결혼에 대한 불안이 생기는 일이 종종 있다는 것입니다. 이것은 저 자신의 경우에는 별로 큰 의의가 없다고 생각합니다. 저의 죄의식은 본래 아버님으로부터 나온 것이며 참으로 특이한 점이 많아 유례 없는 성질의 것이기 때문입니다. 그것을 유례 없는 것이라고 느끼는 이 감정, 그 자체가 이미 본질적인 것이어서 고뇌의 씨가 되기도 합니다. 이것이 반복된다는 것은 상상할 수도 없는 일입니다. 하여튼 아무래도 말하지 않을 수 없는 것은 이렇게 말이 없고 둔감하고 무미 건조하고 타락한 자식이 생긴다면 참으로 저 자신으로서도 견딜 수 없을 것이라는 사실입니다. 만일 달리 어떻게 할 방법이 없다면 아버님이 저의 결혼에 대해 처음에 생각하신 것처럼 아마도 저는 외국으로 도망쳐 버릴 것입니다. 그러므로 저도 자신의 결혼 무능력에 한해서는 그때의 아버님의 기분에 감화되어 닮고 싶은 생각입니다.

 그러나 이때에 훨씬 큰 영향을 미친 것은 저 자신에 대한 불안입니다. 이것은 이런 식으로 해석해야 될 것입니

39세의 카프카
《성(Das Schloss)》 집필

다. 이미 잠깐 말씀드렸습니다만 저는 무엇을 쓰거나 또 그것과 관계 있는 일을 해서 일종의 독립이나 도피를 꾀하였지만 잠시 동안 극히 작은 효과를 거두었을 뿐입니다. 그것들은 보다 높은 성공을 이룰 가능성은 없습니다. 그 증거는 여러 가지가 있습니다. 그럼에도 불구하고 글을 쓰는 일은 저의 의무입니다. 그 일을 지키고 제가 막을 수 있는 한의 위험을, 위험뿐만 아니라 위험의 가능성까지도 접근하지 못하게 하는 일은 제 인생의 성패가 달려있다 할 수 있습니다. 결혼은 그러한 위험을 촉진할 최대의 가능성을 포함하고 있습니다. 그러나 저에게는 그것이 후원자가 될 가능성도 함께 가지고 있습니다. 만일 그것이 위험 그 자체라고 한다면 어떻게 해야 좋을까요. 다분히 증명할 수도 없는 아무래도 어떻게 할 수가 없는 이 위험성을 안고서 어떻게 제가 결혼 생활을 이어 갈 수 있겠습니까. 여기에 대해 결심이 서지 않는다 하더라도 결론은 확실합니다. 단념할 수밖에 없습니다. 손안의 참새와 지붕 위의 비둘기에 관한 비유,[*] 이러한 비유는 여기에서는 전혀 맞지 않는 비유입니다. 손안에는 아무것도

---

[*] "손에 쥔 참새가 지붕 위의 비둘기보다 낫다"는 속담. 불확실한 것을 추구하느니 작지만 확실한 것에 만족하는 것이 낫다는 뜻.

없고 지붕 위에는 모든 것이 있습니다. 그러나 저는 제 의지가 아니라 갈등 관계와 생활의 곤궁이 그와 같은 결단을 내리게 합니다만, 아무것도 없는 편을 선택할 수밖에 없습니다. 저는 직업 선택의 경우에도 이와 비슷한 선택 방법을 취하지 않을 수 없었습니다.

그러나 가장 중대한 결혼의 장애는 너무 완강해서 꺾을 수 없는 다음과 같은 확신입니다. 그것은 가족을 부양하고 가족을 이끌어 나가기 위해서는 아버님이 갖고 계신다고 인정되는 일체의 것이 꼭 필요하다는 사실입니다. 좋은 것도 나쁜 것도 전부를 함께 말입니다. 유기적으로 아버님 속에 융합되어 있는 모든 것 그대로를 말입니다. 강인성과 타인에 대한 조롱, 건강과 어느 정도의 무절제, 언변의 재간과 어딘가 좀 부족한 설명, 자신감과 누구에게나 갖는 불만감, 세상에 대한 우월감과 억압, 인정(人情)에 통하는 일과 대부분의 사람들에 대한 불신감, 그 밖에도 각별히 형편이 나쁘지 않은 장점, 이를테면 근면이라든가 내구력이라든가 침착성이라든가 대담성이라든가, 이러한 모든 것들과 제가 갖고 있는 것들을 비교해 보면 제가 가지지 않은 것이 거의 태반이고 가진 것은 극히 적을 뿐입니다.

더군다나 아버님께서도 결혼에서는 고투(苦鬪)하시지 않을 수 없었고 자식들도 아버님의 기대에 부응하지 못한 것을 제 눈으로 보면서 어찌 감히 제가 결혼할 마음이 생기겠습니까. 물론 이 질문을 저 자신에게 분명히 해본 적도 없었고, 또 분명하게 대답을 하려고 하지도 않았습니다. 만일 그러고자 했다면 틀림없이 일반적인 생각에 지배를 받았을 것이고 아버님과는 아주 다르면서도 — 가까운 데서 평범한 사고를 가지고 생활하시는 한 분 들면 리하르트 숙부입니다 — 이미 결혼을 해서 그 때문에 적어도 실패 같은 것은 하지 않을 다른 사람들을 일부러 보게 되었을지도 모릅니다. 그래서 저에게는 그것만으로도 대단하고 충분했을 것입니다. 비록 저는 이 질문을 꺼내지는 않았지만 이미 어렸을 때부터 몸소 그것을 체험해 왔습니다. 결혼 문제에 부딪쳐서야 비로소 자신의 능력을 시험해 본 것은 아닙니다. 사소한 일에 부딪칠 때마다 저의 능력을 시험해 왔습니다. 작은 일에 대해서도 아버님은 자신의 모범적 사례와 교육을 통해 저의 무능력을 납득시키려 하셨습니다. 이 편지에서 써 보려고 애썼던 바로 그대로입니다. 아무리 작은 일에도 아버님의 그것은 꼭 들어맞았습니다. 말씀하신 그대로였습니다. 하물며 가장 큰 일, 즉 결혼에 있어서도 당연히 놀라울 정도로 꼭 들어맞았습니다.

저는 성장을 해서 결혼하려는 데까지 왔습니다만, 어쩐지 이것에 대한 걱정과 좋지 않은 예감이 들었습니다. 마치 제대로 장부를 기록하지도 않으면서 어슬렁거리고 있는 상인과 비슷한 상태입니다. 서너 가지 조그마한 이익을 남기게 되면 그것을 매우 신기하게 생각하며 항상 머릿속에서 그것만을 어루만지고 잡아당기고 하는 동안에 일상 생활 쪽은 신경도 안 쓰게 되는 것입니다. 장부에 모조리 기입은 하였지만 한 번도 결산을 해본 일이 없는 것입니다. 그러나 마침내 무슨 일이 있어도 결산을 해야 한다는 강박감이 밀려왔습니다. 그것이 결혼 계획입니다. 이 시점에서 지금까지의 대차(貸借)를 청산하게 되는데 이전의 조그마한 이윤 같은 것은 전혀 표도 나지 않고 오직 큰 빚만이 남게 됩니다. 그래서 '자, 정신 착란을 일으키기 전에 결혼하자'가 된 것입니다.

이렇게 해서 이제까지의 아버님과 저의 생활은 끝이 납니다. 그리고 그 생활 그 자체 속에 장래에 대한 이상과 같은 여러 가지 희망이 포함되어 있습니다.

저는 지금까지 아버님에 대한 제 자신의 공포감이 어디

서 생겼는지 그 이유를 설명했습니다만 아버님은 이것을 한 번 훑어보신 후 이렇게 대답하실지도 모르겠습니다.

"너에 대한 나의 태도를 단순히 너한테만 책임이 있는 것처럼 말해 버린다면 내 마음이 시원할 것이라고 너는 주장하고 있다. 그러나 언뜻 보아서 너는 괴로운 모양인데, 사실은 이전보다 더 고심하는 것이 아니라 오히려 훨씬 유리한 입장이 되었다고 나는 믿는다. 우선 너는 어떤 죄도 책임도 자신에게는 없다고 말하고 있지 않느냐. 그러므로 그 점에 있어서 너와 나의 방법은 똑같다. 다만 내 경우에서는 어떻게 하든 공공연하게 일방적으로 너만의 탓으로 돌리고 있는데, 너의 입장에서 영리함이 지나칠 정도로 영리하게, 고분고분함이 지나칠 정도로 고분고분하게, 자신에게 유리하도록 나에게도 일체의 죄를 면하게 해줄 생각인 것이다. 물론 그것이 잘 되더라도 표면적인 것일 뿐이다. 너도 그 이상 바라지 않을 것이다. 그리고 본질이니 본성이니 대립이니 낭패니 아무리 '틀에 박힌 문구'를 늘어놓아도 글 줄거리를 읽어서 파악할 수 있는 것은, 원래 내 편이 공격자이고 네가 한 일은 단순한 자기 방어에 지나지 않는다는 것이다. 지금 너는 이렇게 해서 네가 얻고자 했던 목적을 마음껏 발휘했다고 할 수 있다.

왜냐하면 너는 다음 세 가지를 증명했기 때문이다.

첫째는 너에게는 죄가 없다는 것. 둘째는 책임은 나한테 있다는 것. 셋째는 자신은 완전히 위대한 체하면서 네가 나를 용서할 생각이라는 것. 그뿐만 아니라 ― 결국 오십보 백보이겠지만 ― 너는 결백을 증명해서 자신이 무죄임을 믿고 싶은 것이다. 이것만으로 지금의 너는 만족할 만도 한데 그것만으로는 아직 충분하지 못하다. 너는 결국 철두철미하게 나를 집어삼키려고 결심하고 덤비고 있는 것이다. 지금 우리는 서로 싸우고 있는데 싸움에는 두 가지 성격이 있다. 기사(騎士)의 싸움에서는 각자 독립적인 쌍방의 힘이 겨루어져서 어느 한쪽이 이기면 다른 한쪽은 패하는 것으로 끝난다. 그러나 독충의 싸움은 상대를 찔러 죽일 뿐만 아니라 자신의 생명을 보존하기 위해서 재빨리 상대방의 피를 빨기도 한다. 이것이 본래의 용병(傭兵)이란 존재로서, 그것이 바로 너다. 너는 생활 무능력자인 것이다.

그래서 너는 고생과 자책감에서 벗어나 자신을 합리화하기 위해 내가 너에게서 생활능력을 완전히 빼앗아 나의 것으로 만들어 버렸다는 것을 증명하려고 한다. 그렇게 되면 생활 불능자라는 사실은 너와는 상관없는 일이 되고 그 책임은 바로 내게 있으므로 네 편에서는 평안하게 몸을 뻗고 육체적으로나 정신적으로 나를 먹이로 삼으면서 평생 동안 발을 질질 끌면서 걸으려는 것이다. 간단히 말하면 얼마 전에 네가 결혼하려고 생각했을 때 네가 이 편지에서도 인정하고 있는 일이지만 한편으로는 동시에 결혼할 마음이 없었던 것이다. 그래서 너는 너 자신이 고생하지 않아도 되도록 내가 너를 도와서 결혼하지 못하도록 작용해 주기를 바랐던 것이다. 따라서 너희들이 함께 합치는 일로 인해 내가 받게 될 '불명예'를 방패로 내가 너의 이 결혼을 금지해 주기를 바랐던 것이다. 그러나 이런 일은 나로서는 전혀 상상조차 할 수 없었다.

첫째로 나는 이 경우에도 다른 경우와 마찬가지로 결코 '너의 행복을 방해'하려고는 생각지 않았다. 둘째로 나는 그런 비난을 내 자신의 자식으로부터 듣고 싶은 생각이 없다. 결혼에 한해서는 너의 자유에 맡기기 위해서 나는 극기의 심정으로 극복하지 않으면 안 되었다. 그러나 그런 짓을 해보았자 무슨 소용이 있겠는가. 조금도 도움이 되지 않았다. 그리고 설령 그 결혼을 내가 싫어했다 할지라도 방해가 되지는 않았을 것이다. 오히려 너에게는 더한층 그 처녀와 결혼하고 싶은 자극제가 되었을 것이다. 너의 소위 '도망 계획'이 과연 그 덕택으로 완성되었을지도 모른다. 그렇다고 해서 그 결혼을 내가 허락했다 해도 너의 비난을 막는 데는 별 도움이 되지 못했을 것이다. 어찌 되었든 네가 결혼을 하지 않은 데 대한 책임은 내게 있다는 것을 너는 증명하고야 말 테니까. 그러나 근본적으로 네가 이 경우에도, 그 밖에 어떤 경우에도 내게 대해서 증명한 결과는, 결국 오직 나의 비난 전부가 옳았다는 것이다. 그리고 또 한 가지 거기에는 특별히 정당한 비난이 결여되어 있다는 것이다. 즉 너는 정당하지 못하고 사랑에는 아첨꾼이고 식객 근성을 갖고 있다는 비난이 바로 그것이다. 만일 내가 심한 착각을 하고 있는 것이 아니라면 너는 이 편지에서도 내게 기생(寄生)하고 있는 것이 된다."

여기에 대해서 답변을 드리자면 우선 첫째로 이 항의 전체는 약간 아버님 입장에서 씌어져 있습니다만 이것은 아버님 입에서 나온 것이 아니라 물론 제게서 나온 것입니다. 다른 사람에 대한 아버님의 불신은 저 자신에 대한 저의 불신에 비하면 결코 큰 것은 아닙니다. 아버님께선 저를 그런 방식으로 교육시키셨습니다. 이 반론은 그 자체로 우리들의 관계의 특징을 설명하기 위해서 도움이 되는 새로운 재료를 제공하고 있으며, 거기에는 거기대로 어떤 근거가 있다는 것을 저는 부정하지 않습니다. 물론 모든 사물의 이치는 실제에 있어서는 저의 이 편지 속의 증명처럼 앞뒤가 꼭꼭 들어맞는 것은 아닙니다. 인생은 '인내심 겨루기' 이상으로 참을성을 필요로 하는 것입니다. 그러나 이 항의에 의해서 그것을 교정한다 할지라도 그것을 일일이 관철할 수는 없으며 또 그렇게 할 생각도 없습니다. 그러나 저의 생각으로는 그것을 교정하면 훨씬 진실에 가까워질 수가 있으며 그 결과 우리 두 사람의 기분도 다소 안정되어서 삶과 죽음을 좀더 마음 편하게 맞이할 수도 있으리라 생각합니다.

프란츠 올림

카프카의 마지막 사진 (1924년경)

프란츠 카프카의 연보

1883년　7월 3일, 상인 헤르만(Hermann)과 뢰비(Löwy) 가문 출신 율리에(Julie)의 아들로 프라하에서 태어남. 누이동생 엘리(Elli)는 1889년생, 발리(Valli)는 1890년생, 오틀라(Ottla)는 1892년생.

1889년~1893년　플라이쉬마르크트(Fleischmarkt) 초등학교에 다님.

1893년~1901년　알트쉬타트(Altstädter) 독일어 국립고등학교에 다님. 루돌프 일로비(Rudolf Illowy)와 오스카르 폴라크(Oskar Polak)와 교제함. 첼트너가(街)에 거주.

1901년~1906년　프라하의 독일계 대학에서 수학. 독문학(2학기)과 법률학 전공.

1902년　리보호와 트리쉬에서 방학을 보냄. 막스 브로트(Max Brod)와 처음 알게 됨. 프란츠 브렌타노(Franz Brentano)의 강의를 듣고, '루브르 서클'에 다님.

1904년~1905년　《어떤 투쟁의 기록》 집필. 오스카르 바움(Oskar Baum), 막스 브로트, 펠릭스 벨치(Felix Weltsch)와 규칙적으로 회합. 1905년과 1906년 여름방학은 추크만텔에서 보냄.

1906년　법학박사 학위 받음. 10월부터 1년간 법률 실습.

1907년　《시골에서의 혼례준비》 집필. 10월 일반 보험회사에 입사.

	니클라스가(街)로 이사.
1908년	7월부터 1922년 7월 은퇴할 때까지 노동자재해보험국에서 근무함. 잡지 《히페리온(Hyperion)》에 8편의 산문을 처음으로 발표.
1909년	막스와 오토 브로트와 리봐에서 휴가를 보냄. '믈라디치 클럽'에 참여.
1910년	일기를 쓰기 시작. 유태인 극단원과 사귐. '판타 서클' 방문.
1911년	프리틀란트와 라이헨베르크로 공무 여행. 막스 브로트와 함께 북부 이탈리아의 바닷가에서 휴가를 보냄. 에를렌바흐 요양소로 감. 유태인 극단과 극단원 이차크 뢰비(Jizchak Löwy)를 알게 됨.
1912년	연두에 〈실종자〉를 구상함. 7월, 브로트와 바이마르로, 이어서 융보른으로 여행함. 8월에는 첫번째 책 《관찰(Betrachtung)》을 편집하여 12월에 출판. 펠리체 바우어(Felice Bauer)와 처음 만남. 9월, 《선고(Das Urteil)》 집필. 9월부터 이듬해 1월까지 《실종자(Der Verschollene)》 7장까지 완성. 10월, 펠리체 바우어와 서신 왕래 시작. 11월과 12월, 《변신(Die Verwandlung)》 집필. 12월, 프라하에서 최초의 공개 낭독《〈선고〉》.
1913년	부활제에 베를린으로 펠리체를 처음으로 방문. 4월, 트로야에서 원예에 종사. 5월, 베를린 재차 방문. 《화부(Der Heizer)》출판됨. 9월, 비인, 베니스, 리봐로 감. 스위스 여성과 친교를 맺음.
1914년	베를린에서 부활제를 맞이함. 6월, 펠리체 바우어와 약혼.

	7월, 약혼과 파혼. 발트해로 여행. 8월, 빌렉가(街)에 자신의 방을 얻음.《심판(Der Prozeß)》의 집필을 시작함. 10월,《유형지에서(In der Strafkolonie)》완성.《실종자》의 마지막 장 완성됨. 그레테 블로흐(Grete Bloch)와 사귐.
1915년	1월, 펠리체 바우어와 다시 만남. 3월, 랑게가(街)에 방을얻음. 헝가리 여행. 칼 슈테른하임(Carl Sternheim)이 카프카에게 폰타네상(Der Fontane-Preis)을 물려줌. 11월,《변신》출판됨.
1916년	7월, 마리엔바트에서 펠리체 바우어와 함께 생활함. 9월,《선고》출판됨. 11월, 뮌헨에서 두번째 공개 낭독(《유형지에서》). 알히미스트가(街)에 방을 얻음. 단편집《시골 의사(Landarzt Erzählungen)》집필.
1917년	3월, 쇤보른(Schönborn)궁으로 방을 옮김. 7월, 펠리체 바우어와 두번째 약혼. 9월, 폐결핵 확인됨. 취라우의 누이동생 오틀라에게로 옮겨감. 12월, 약혼 파혼. 가을부터 이듬해 봄까지 잠언집 집필.
1918년	취라우에 체재. 여름, 프라하와 룸부르크에 체재. 9월, 취라우로 돌아감. 11월부터 슐레지엔에서 지냄. 율리에 보리체크(Julie Wohryzek)를 알게 됨.
1919년	슐레지엔에 체재. 봄에 다시 프라하로 돌아감. 5월,《유형지에서》출판. 율리에 보리체크와 약혼. 가을, 단편집《시골 의사》출판됨. 11월, 슐레지엔에 체재.《아버지께 드리는 편지(Brief an den Vater)》집필.
1920년	《보유 Er`ㅡ`계열》집필. 구스타프 야노우치(Gustav Janouch)와 알게 됨. 4월부터 메란에 체재. 밀레나 예젠스카(Milena

Jesenska)와 서신 교환. 비인으로 감. 율리에 보리체크와의 약혼 파혼. 여름과 가을을 프라하에서 지냄. 《포세이돈(Poseidon)》《밤에(Nachts)》《법의 문제(Zur Frage der Gesetze)》《팽이(Der Kreisel)》 등 단편 집필. 12월부터 마틀리아리, 타트라에서 지냄. 로베르트 클로프슈톡크(Robert Klopstock)와의 친교 시작됨.

1921년 마틀리아리에 체재. 가을에 다시 프라하로 돌아옴. 《최초의 고민(Erstes Leid)》 집필.

1922년 2월, 슈핀델뮐레, 이어서 프라하에서 지냄. 6월 말부터 9월 중순까지 플라나에 사는 누이동생 오틀라 집에서 지냄. 1월부터 9월까지 《성(Das Schloß)》을 집필. 봄에 《단식수도자(Ein Hungerkünstler)》, 여름에 《어떤 개의 탐구(Forschungen eines Hundes)》 집필.

1923년 7월, 발트해 연안의 뮈리츠로 감. 도라 디아만트(Dora Diamant)를 알게 됨. 슐레지엔에 체재. 9월부터 베를린에 거주. 10월, 《작은 여인(Eine kleine)》, 겨울에 《건설(Der Bau)》 집필.

1924년 3월, 프라하로 감. 《가수 요제피네(Josefine, die Sängerin)》 집필. 4월 초에 프라하를 출발, 비인 교외 키를링 요양소로감(도라 디아만트와 로베르트 클로프슈톡크 동행). 6월 3일, 사망함. 6월 11일, 프라하에 묻힘. 여름에 네 개의 단편을 모은 단편집 《단식수도자》 출판됨.

* 옮긴이 | 박환덕

서울대학교 인문대학 독문학과 졸업.
독일 뮌헨대학에서 독어독문학 연구. 국제독문학회 독일독어독문학회 회원. 서울대학교 인문대학장보·한국 카프카학회 회장 역임.
한국 독어독문학회 회장·한국문학번역원 원장 역임.
독일연방공화국 문화공로 십자훈장 받음.
현재 서울대학교 명예교수(문학박사).
저서:《카프카 문학연구》,《문학과 소외》(독문학 평론집),
역서:《성》,《심판》,《실종자》,《변신·유형지에서(외)》,《양철북》,
《유리알 유희》,《파우스트》,《수레바퀴 아래서》,《아름다워라 청춘이여》,
《페터 카멘친트·게르트루트》,《서부전선 이상없다》외 다수가 있음.

아버지께 드리는 편지

초판 1쇄 발행 2018년 8월 20일
초판 5쇄 발행 2024년 3월 20일

지은이 프란츠 카프카
옮긴이 박환덕
펴낸이 윤형두
펴낸곳 종합출판 범우(주)

등록번호 제 406-2004-000012호(2004년 1월 6일)
10881 경기도 파주시 광인사길 9-13(문발동)
대표전화 031)955-6900, 팩스 031)955-6905

홈페이지 www.bumwoosa.co.kr
이메일   bumwoosa1966@naver.com

ISBN 978-89-6365-240-5 03850

* 잘못된 책은 바꾸어 드립니다.
* 이 도서의 국립중앙도서관 출판시 도서목록(CIP)은 e-CIP홈페이지
 (http://www.nl.go.kr/cip.php)에서 이용하실 수 있습니다.

범우문고

산과 바다와 여행길에
2,800~5,900원
40년간 총 4,500만부 돌파!

▶ 전국 서점에서 낱권으로 판매합니다
▶ 계속 출간됩니다

※ 범우문고가 받은 상

제1회 독서대상(1978), 한국출판문화상(1981), 국립중앙도서관 추천도서(1982), 출판협회 청소년도서(1985), 새마을문고용 선정도서(1985), 중고교생 독서권장도서(1985), 사랑의 책보내기 선정도서(1986), 문화공보부 추천도서(1989), 서울시립 남산도서관 권장도서(1990), 교보문고 선정 독서권장도서(1994), 한우리독서운동본부 권장도서(1996), 문화관광부 추천도서(1998), 문화관광부 책읽기운동 추천도서(2002)

1. 수필 피천득
2. 무소유 법정
3. 바다의 침묵(외) 베르코르/조규철·이정림
4. 살며 생각하며 미우라 아야코/진웅기
5. 오, 고독이여 F.니체/최혁순
6. 어린 왕자 A.생 텍쥐페리/이정림
7. 톨스토이 인생론 L.톨스토이/박형규
8. 이 조용한 시간에 김우종
9. 시지프의 신화 A.카뮈/이정림
10. 목마른 계절 전혜린
11. 젊은이여 인생을… A.모로아/방곤
12. 채근담 홍자성/최현
13. 무진기행 김승옥
14. 공자의 생애 최현 엮음
15. 고독한 당신을 위하여 L.린저/곽복록
16. 김소월 시집 김소월
17. 장자 장자/허세욱
18. 예언자 K.지브란/유제하
19. 윤동주 시집 윤동주
20. 명정 40년 변영로
21. 산사에 심은 뜻은 이청담
22. 날개 이상
23. 메밀꽃 필 무렵 이효석
24. 애정은 기도처럼 이영도
25. 이브의 천형 김남조
26. 탈무드 M.토케이어/정진태
27. 노자도덕경 노자/황병국
28. 갈매기의 꿈 R.바크/김진욱
29. 우정론 A.보나르/이정림
30. 명상록 M.아우렐리우스/황문수
31. 젊은 여성을 위한 인생론 P.벅/김진욱
32. B사감과 러브레터 현진건
33. 조병화 시집 조병화
34. 느티의 일월 모윤숙
35. 로렌스의 성과 사랑 D.H.로렌스/이성호
36. 박인환 시집 박인환
37. 모래톱 이야기 김정한
38. 창문 김태길
39. 방랑 H.헤세/홍경호
40. 손자병법 손무/황복룡
41. 소설·알렉산드리아 이병주
42. 전락 A.카뮈/이정림
43. 사노라면 잊을 날이 윤형두
44. 김삿갓 시집 김병연/황병국
45. 소크라테스의 변명(외) 플라톤/최현
46. 서정주 시집 서정주
47. 사람은 무엇으로 사는가 톨스토이/김진욱
48. 불가능은 없다 R.슐러/박호순
49. 바다의 선물 A.린드버그/신상웅
50. 잠 못 이루는 밤을 위하여 힐티/홍경호
51. 딸·딸·딸이 이어령
52. 몽테뉴 수상록 M.몽테뉴/손석린
53. 박재삼 시집 박재삼
54. 노인과 바다 E.헤밍웨이/김회진
55. 향연·뤼시스 플라톤/최현
56. 젊은 시인에게 보내는 편지 릴케/홍경호
57. 피천득 시집 피천득
58. 아버지의 뒷모습(외) 주자청/허세욱(외)
59. 현대의 신 N.쿠치키(편)/진철승
60. 별·마지막 수업 A.도데/정봉구
61. 인생의 선용 J.러보크/한영환
62. 브람스를 좋아하세요… F.사강/이정림
63. 이동주 시집 이동주
64. 고독한 산보자의 꿈 J.루소/염기용
65. 파이돈 플라톤/최현
66. 백장미의 수기 I.숄/홍경호
67. 소년 시절 H.헤세/홍경호
68. 어떤 사람이기에 김동길
69. 가난한 밤의 산책 C.힐티/송영택
70. 근원수필 김용준
71. 이방인 A.카뮈/이정림
72. 롱펠로 시집 H.롱펠로/윤삼하
73. 명사십리 한용운
74. 왼손잡이 P.한트케/홍경호
75. 시민의 반항 H.소로/황문수
76. 민중조선사 전석담
77. 동물사회 조지훈
78. 프로타고라스 플라톤/최현
79. 표본실의 청개구리 염상섭
80. 문주반생기 양주동
81. 신조선혁명론 박열/서석연
82. 조선과 예술 야나기 무네요시/박재삼
83. 중국혁명론 모택동(외)/박광종 엮음
84. 탈출기 최서해
85. 바보배 가게 박연구
86. 도왜실기 김구/엄항섭 엮음
87. 슬픔이여 안녕 F.사강/이정림·방곤
88. 공산당 선언 마르크스·엥겔스/서석연
89. 조선문화사 이명선
90. 권태 이상
91. 내 마음속의 그들 한승헌
92. 노동자강령 F.라살레/서석연
93. 장씨 일가 유주현
94. 백설부 김진섭
95. 에코스파즘 A.토플러/김진욱
96. 가난한 농민에게 바란다 레닌/이정일
97. 고리키 단편선 M.고리키/김영국
98. 러시아의 조선침략사 송정환
99. 기재기이 신광한/박헌순
100. 홍경래전 이명섭
101. 인간만사 새옹지마 이영희
102. 청춘을 불사르고 김일엽
103. 모범경작생(외) 박영준
104. 방망이 깎던 노인 윤오영
105. 찰스 램 수필선 C.램/양병석
106. 구도자 고은
107. 표해록 장한철/정병욱
108. 월광곡 홍난파
109. 무서록 이태준
110. 나생문(외) 아쿠타가와 류노스케/진웅기
111. 해변의 시 김동석
112. 발자크와 스땅달의 예술논쟁 김진욱
113. 파한집 이인로/이상보
114. 역사소품 곽말약/김승일
115. 체스·아내의 불안 S.츠바이크/오영옥
116. 복덕방 이태준
117. 실천론(외) 모택동/김승일
118. 순오지 홍만종/전규태
119. 직업으로서의 학문·정치 베버/김진욱(외)
120. 요재지이 포송령/진기환
121. 한설야 단편선 한설야
122. 쇼펜하우어 수상록 쇼펜하우어/최혁순
123. 유태인의 성공법 M.토케이어/진웅기
124. 레디메이드 인생 채만식
125. 인물 삼국지 모리야 히로시/김승일
126. 한글 명심보감 장기근 옮김
127. 조선문화사서설 모리스 쿠랑/김수경
128. 역옹패설 이제현/이상보
129. 문장강화 이태준
130. 중용·대학 차주환
131. 조선미술사연구 윤희순
132. 옥중기 오스카 와일드/임헌영

| 133 유태인식 돈벌이 후지다 덴/지병훈
| 134 가난한 날의 행복 김소운
| 135 세계의 기적 박광순
| 136 이퇴계의 활인심방 정숙
| 137 카네기 처세술 데일 카네기/전민식
| 138 요로원야화기 김승일
| 139 푸쉬킨 산문 소설집 푸쉬킨/김영국
| 140 삼국지의 지혜 황의백
| 141 슬견설 이규보/장덕순
| 142 보리 한흑구
| 143 에머슨 수상록 에머슨/윤삼하
| 144 이사도라 덩컨의 무용에세이 덩컨/최혁순
| 145 북학의 박제가/김승일
| 146 두뇌혁명 T.R.블랙슬리/최현
| 147 베이컨 수상록 베이컨/최혁순
| 148 동백꽃 김유정
| 149 하루 24시간 어떻게 살 것인가 베넷/이은순
| 150 평민문학사 허경진
| 151 정선 아리랑 김병하 · 김연갑 공편
| 152 독서요법 황의백 엮음
| 153 나는 왜 기독교인이 아닌가 러셀/이재황
| 154 조선사 연구(草) 신채호
| 155 중국의 신화 장기근
| 156 무병장생 건강법 배기성 엮음
| 157 조선위인전 신채호
| 158 정감록비결 편집부 엮음
| 159 유태인 상술 후지다 덴/진웅기
| 160 동물농장 조지 오웰/김회진
| 161 신록 예찬 이양하
| 162 진도 아리랑 박병훈 · 김연갑
| 163 책이 좋아 책하고 사네 윤형두
| 164 속담에세이 박연구
| 165 중국의 신화(후편) 장기근
| 166 중국인의 에로스 장기근
| 167 귀여운 여인(외) A.체호프/박형규
| 168 아리스토파네스 희곡선 아리스토파네스/최현
| 169 세네카 희곡선 세네카/최현
| 170 테렌티우스 희곡선 테렌티우스/최현
| 171 외투 · 코 고골리/김영국
| 172 카르멘 메리메/김진옥
| 173 방법서설 데카르트/김진욱
| 174 페이터의 산문 페이터/이성호
| 175 이해사회학의 카테고리 베버/김진욱
| 176 러셀의 수상록 러셀/이성규
| 177 속악유희 최영년/황순구
| 178 권리를 위한 투쟁 R.예링/심윤종
| 179 돌과의 문답 이규보/장덕순
| 180 성황당(외) 정비석
| 181 양쪽 날개(외) 펄 벅/김병걸
| 182 봄의 수상(외) 조지 기싱/이창배
| 183 아미엘 일기 아미엘/민희식
| 184 예언자의 집에서 토마스 만/박환덕
| 185 모자철학 가드너/이창배
| 186 짝 잃은 거위를 곡하노라 오상순
| 187 무하선생 방랑기 김상용
| 188 어느 시인의 고백 릴케/송영택
| 189 한국의 멋 윤태림
| 190 자연과 인생 도쿠토미 로카/진웅기
| 191 태양의 계절 이시하라 신타로/고평국
| 192 애서광 이야기 구스타브 플로베르/이민정
| 193 명심보감의 명구 191 이응백
| 194 이큐정전 쿠라/하세욱
| 195 촛불 신석정
| 196 인간제대 추식
| 197 고향산수 마해송

| 198 아랑의 정조 박종화
| 199 지사총 조선작
| 200 홍동백서 이어령
| 201 유령의 집 최인호
| 202 목련초 오정희
| 203 친구 송영
| 204 쫓겨난 아담 유치환
| 205 카마수트라 바스야야나/송미영
| 206 한 가닥 공상 밀른/공덕룡
| 207 사랑의 샘가에서 우치무라 간조/최현
| 208 황무지 공원에서 유달영
| 209 산정무한 정비석
| 210 조선해학 어수록 장한종/박훤
| 211 조선해학 파수록 부묵자/박훤
| 212 용재총화 성현/정종진
| 213 한국의 가을 박대익
| 214 남원의 향기 최승범
| 215 다듬이 소리 채만식
| 216 부모은중경 안춘근
| 217 거룩한 본능 김규련
| 218 연주회 다음날 우치다 햣켄/문희정
| 219 갑사로 가는 길 이상보
| 220 공상에서 과학으로 엥겔스/박광순
| 221 인도기행 H.헤세/박환덕
| 222 신화 이주홍
| 223 게르마니아 타키투스/박광순
| 224 김강사와 T교수 유진오
| 225 금강산 애화기 곽말약/김승일
| 226 십자가의 증언 강원룡
| 227 아네모네의 마담 주요섭
| 228 병풍에 그린 닭이 나도향
| 229 조선책략 황준헌/김승일
| 230 시간의 빈 터에서 김열규
| 231 밖에서 본 조국 박대인
| 232 잃어버린 동화 박문하
| 233 붉은 고양이 루이제 린저/홍경호
| 234 봄은 어느 곳에(외)
| 235 청춘예찬 민태원
| 236 낙엽을 태우면서 이효석
| 237 알랭어록 알랭/정봉구
| 238 기다리는 마음 송규호
| 239 난중일기 이순신/이민수
| 240 동양의 달 차주환
| 241 경세종(외) 김필수(외)
| 242 독서와 인생의 기요시/최현
| 243 콜롬바 메리메/송태효
| 244 목차기 안수길
| 245 하허선생 남정현
| 246 비늘 윤흥길
| 247 미켈란젤로의 생애 로맹 롤랑/이정림
| 248 산딸기 노천명
| 249 상식론 토머스 페인/박광순
| 250 베토벤의 생애 로맹 롤랑/이정림
| 251 얼굴 조경희
| 253 임금노동과 자본 카를 마르크스/박광순
| 254 붉은 산 김동인
| 255 낙동강 조명희
| 256 호반 · 대학시절 T.슈토름/홍경호
| 257 맥 김남천
| 258 지하촌 강경애
| 259 설국 가와바타 야스나리/김진욱
| 260 생명의 계단 이재담
| 261 법의로 보는 세계명작 한승헌
| 262 톨스토이의 생애 로맹 롤랑/이정림
| 263 자본론 레닌/김승일

| 264 나의 소원(외) 김구
| 265 축천무후 여인군전(외) 서창령(외)/편집부
| 266 카를 마르크스 레닌/김승일
| 267 안티고네 소포클레스/황문수
| 268 한국혼 신규식
| 269 동양평화론(외) 안중근
| 270 조선혁명선언 신채호
| 271 백록담 정지용
| 272 조선독립의 서 한용운
| 273 보리피리 한하운
| 274 세계문학을 어떻게 읽을 것인가 헤세/박환덕
| 275 영う평화론 칸트/박환덕 · 박열
| 276 제갈공명 병법 제갈량/박광순
| 277 망향대해 백시종
| 278 광인일기 루쉰/하세욱
| 279 그날이 오면 심훈
| 280 호질 · 양반전 · 허생전 박지원/이민수
| 281 진주 스타인벡/이성호
| 282 님의 침묵 한용운
| 283 패강랭(외) 이태준
| 284 동맹선습 민제인/안춘근
| 285 사조동 그 집 이정림
| 286 영가 카릴 지브란/윤삼하
| 287 긴디 어록 리처드 아텐버러/최현
| 288 천자문 주흥사/안춘근
| 289 나의 애송시 이응백(외)/편집부
| 290 젊은이의 편지(외) 생 텍쥐페리/조규철
| 291 아름다운 배경 정목일
| 292 홍엽(외) 최사해
| 293 한자 여행 강영매
| 294 헤세 시집 H.헤세/서석연
| 295 하이네 시집 H.하이네/서석연
| 296 운수 좋은 날(외) 현진건
| 297 역사를 빛낸 한국의 여성 안춘근
| 298 변신 프란츠 카프카/박환덕
| 299 좁은 문 앙드레 지드/이정림
| 300 효 에세이 미천득 외 18인
| 301 행복론 헤르만 헤세/박환덕
| 302 나비 헤르만 헤세/홍경호
| 303 홍길동전 · 임꺽록 허균(외)/전규태
| 304 유머 에세이 29 장자옥
| 305 누름돌 최원현
| 306 데미안 헤르만 헤세/홍경호
| 307 독일인의 사랑 막스 뮐러/홍경호
| 308 진달래꽃 김소월
| 309 갈망의 노래 한승헌
| 310 효 사상과 전통문화 홍일식
| 311 철조망과 의자(외) 정을병
| 312 이육사 시집 이육사
| 313 횃불의 고향 마이클 패러데이/문병렬 · 산병식
| 314 지울 수 없는 기억 홍애자
| 315 김억 시집 김억
| 316 기탄잘리 타코르/김양식
| 317 수난이대 하근찬
| 318 김영랑 시집 김영랑
| 319 동심초 김소월/김동직
| 320 한 여름 밤의 꿈 윌리엄 셰익스피어/이태주
| 321 시마천 사가산책 이석연
| 322 피의 교환 F.G.로르카/정선옥
| 323 베르나르다 알바의 집 F.G.로르카/정선옥
| 324 정지용 시집 정지용
| 325 이상화 시집 이상화
| 326 김기림 시집 김기림
| 327 조선 처녀의 춤 마쓰다 도키코/김정훈
| 328 비극론 칼 야스퍼스/황문수

근대 개화기에서부터
8·15 광복까지 집대성한

현재 50권 완간!

범우 비평판 한국문학의 특징

▶ 문학의 개념을 민족 정신사의 총체적 반영
▶ 기존의 문학전집에서 누락된 작가 복원 및 최초 발굴작품 수록
▶ 기존의 '문학전집' 편찬 관성을 탈피, 작가 중심의 새로운 편집
▶ 학계의 대표적인 문학 연구자들의 작가론과 작품론 및 작가연보,
  작품연보 등 비평판 문학선집의 신뢰성을 확보
▶ 정본 확정 작업을 통해 근현대 문학의 '정본'을 확인한 최고의 역작

· 크라운 변형판 | 반양장 | 각권 350~756쪽
· 각권 값 10,000~22,000원 | 범우(주)

범우비평판 한국문학

잊혀진 작가의 복원과 묻혀진 작품을 발굴,
근대 이후 100년간 민족정신사적으로 재평가한
문학·예술·종교·사회사상 등 인문·사회과학 자료의 보고 — 임헌영(문학평론가)

1. 신채호 편 《편백세 노승의 미인담(외)》 김주현(경북대)
2. 개화기 소설 편 《송뢰금(외)》 양진오(경주대)
3. 이해조 편 《홍도화(외)》 최원식(인하대)
4. 안국선 편 《금수회의록(외)》 김영민(연세대)
5. 양건식·현상윤(외) 편 《슬픈 모순(외)》 김복순(명지대)
6. 김억 편 《해파리의 노래(외)》 김용직(서울대)
7. 나도향 편 《어머니(외)》 박헌호(성균관대)
8. 조명희 편 《낙동강(외)》 이명재(중앙대)
9. 이태준 편 《사상의 월야(외)》 민충환(부천대)
10. 최독견 편 《승방비곡(외)》 강옥희(상명대)
11. 이인직 편 《은세계(외)》 이재선(서강대)
12. 김동인 편 《약한 자의 슬픔(외)》 김윤식(서울대)
13. 현진건 편 《운수 좋은 날(외)》 이선영(연세대)
14. 백신애 편 《아름다운 노을(외)》 최혜실(경희대)
15. 김영팔 편 《곱장칼(외)》 박명진(중앙대)
16. 김유정 편 《산골 나그네(외)》 이주일(상지대)
17. 이석훈 편 《이주민열차(외)》 김용성(인하대)
18. 이상 편 《공포의 기록(외)》 이경훈(연세대)
19. 홍사용 편 《나는 왕이로소이다(외)》 김은철(상지대)
20. 김남천 편 《전환기와 작가(외)》 채호석(한국외대)
21. 초기 근대희곡 편 《병자삼인(외)》 이승희(성균관대)
22. 이육사 편 《광야(외)》 김종회(경희대)
23. 이광수 편 《삼봉이네 집(외)》 한승옥(숭실대)
24. 강경애 편 《인간문제(외)》 서정자(초당대)
25. 심훈 편 《그날이 오면(외)》 정종진(청주대)
26. 계용묵 편 《백치 아다다(외)》 장영우(동국대)
27. 김소월 편 《진달래꽃(외)》 최동호(고려대)
28. 최승일 편 《봉희(외)》 손정수(계명대)
29. 정지용 편 《장수산(외)》 이숭원(서울여대)
30. 최서해 편 《홍염(외)》 하정일(원광대)
31. 임노월 편 《춘희(외)》 박정수(서강대)
32. 한용운 편 《님의 침묵(외)》 김재홍(경희대)
33. 김정진 편 《기적 불 때(외)》 윤진현(인하대)
34. 이기영 편 《서화(외)》 김성수(경희대)
35. 방정환 편 《어린이 찬미(외)》 이재철(아동문학회장)
36. 나혜석 편 《경희(외)》 이상경(한국과학기술원)
37. 근대 대중가요 편 《사의찬미(외)》 이영미·이준희
38. 이돈화 편 《시대정신에 합일된 사람성性 주의(외)》 조남현(서울대)
39. 안재홍 편 《고원의 밤(외)》 구중서(수원대)
40. 이익상 편 《그믐 날(외)》 오창은(중앙대)
41. 김달진 편 《씬냉이꽃(외)》 최동호(원광대)
42. 이효석 편 《분녀(외)》 강진호(성신여대)
43. 이설주 편 《들국화(외)》 오향호(인천대)
44. 손진태 편 《우리민족의 걸어온 길(외)》 김정인(춘천교대)
45. 박영희 편 《현대조선문학사(외)》 임규찬(성공회대)
46. 여운형 편 《조선독립의 당위성(외)》 강준식(작가)
47. 채만식 편 《정자나무 있는 삽화(외)》 이도연(고려대)
48. 노자영 편 《사랑의 불꽃·반항(외)》 권보드래(동국대)
49. 김동석 편 《예술과 생활(외)》 구모룡(한국해양대)
50. 이상화 편 《나의 침실로(외)》 유성호(한양대)

시대를 초월해 인간성 구현의
모범으로 삼을 만한 책을 엄선하여 엮다!

범우 고전선

1. 유토피아 토마스 모어/황문수
2. 오이디푸스 왕 소포클레스/황문수
3. 명상록·행복론 M.아우렐리우스.L.세네카/황문수·최현
4. 깡디드 볼떼르/염기용
5. 군주론·전술론(외) 마키아벨리/이상두
6. 사회계약론(외) J. 루소/이태일·최현
7. 죽음에 이르는 병 키에르케고르/박환덕
8. 천로역정 존 버니언/이현주
9. 소크라테스 회상 크세노폰/최혁순
10. 길가메시 서사시 N.K.샌다즈/이현주
11. 독일 국민에게 고함 J.G. 피히테/황문수
12. 히페리온 F. 휠덜린/홍경호
13. 수타니파타 김운학 옮김
14. 쇼펜하우어 인생론 A. 쇼펜하우어/최현
15. 톨스토이 참회록 L.N. 톨스토이/박형규
16. 존 스튜어트 밀 자서전 J.S. 밀/배영원
17. 비극의 탄생 F.W. 니체/곽복록
18. 에 밀(상)(하) J.J. 루소/정봉구
19. 팡 세 B. 파스칼/최현·이정림
20. 헤로도토스 歷史(상)(하) 헤로도토스/박광순
21. 성 아우구스티누스 고백록 A.아우구스티누/김평옥
22. 예술이란 무엇인가 L.N. 톨스토이/이철
23. 나의 투쟁 A. 히틀러/서석연
24. 論語 황병국 옮김
25. 그리스·로마 희곡선 아리스토파네스(외)/최현
26. 갈리아 戰記 G.J. 카이사르/박광순
27. 善의 연구 니시다 기타로/서석연
28. 육도·삼략 하재철 옮김
29. 국부론(상) A. 스미스/최호진·정해동
30. 국부론(하) A. 스미스/최호진·정해동
31. 펠로폰네소스 전쟁사(상) 투키디데스/박광순
32. 펠로폰네소스 전쟁사(하) 투키디데스/박광순
33. 孟子 차주환 옮김
34. 아방강역고 정약용/이민수
35. 서구의 몰락 ① 슈펭글러/박광순
36. 서구의 몰락 ② 슈펭글러/박광순
37. 서구의 몰락 ③ 슈펭글러/박광순
38. 명심보감 장기근
39. 월든 H. D. 소로/양병석
40. 한서열전 반고/홍대표
41. 참다운사랑의기술과허튼사랑의질책 안드레아스/김영락
42. 종합 탈무드 마빈 토케이어(외)/전풍자
43. 백운화상어록 백운화상/석찬선사
44. 조선복식고 이여성
45. 불조직지심체요절 백운선사/박문열
46. 마가렛 미드 자서전 M.미드/최혁순·최인옥
47. 조선사회경제사 백남운/박광순
48. 고전을 보고 세상을 읽는다 모리야 히로시/김승일
49. 한국통사 박은식/김승일
50. 콜럼버스 항해록 라스카사스 신부 엮음/박광순
51. 삼민주의 쑨원/김승일(외) 옮김
52. 나의 생애(상)(하) L 트로츠키/박광순
53. 북한산 역사지리 김윤우
54. 몽계필담(상)(하) 심괄/최병규
56. 사기(상·중·하) 사마천/이무영
57. 해동제국기 신숙주/신용호(외) 주해

▶ 계속 펴냅니다

현대사회를 보다 새로운 시각으로 종합진단하여
그 처방을 제시해주는,

범우 사상신서

1. 자유에서의 도피 E. 프롬/이상두
2. 젊은이여 오늘을 이야기하자 렉스프레스/방곤·최혁순
3. 소유냐 존재냐 E. 프롬/최혁순
4. 불확실성의 시대 J. 갈브레이드/박현채·전철환
5. 마르쿠제의 행복론 L. 마르쿠제/황문수
6. 너희도 神처럼 되리라 E. 프롬/최혁순
7. 의혹과 행동 E. 프롬/최혁순
8. 토인비와의 대화 A. 토인비/최혁순
9. 역사란 무엇인가 E. 카/김승일
10. 시지프의 신화 A. 카뮈/이정림
11. 프로이트 심리학 입문 C.S. 홀/안귀여루
12. 근대국가에 있어서의 자유 H. 라스키/이상두
13. 비극론·인간론(외) K. 야스퍼스/황문수
14. 엔트로피 J. 리프킨/최현
15. 러셀의 철학노트 B. 페인버그·카스릴스(편)/최혁순
16. 나는 믿는다 B. 러셀(외)/최혁순·박상규
17. 자유민주주의에 희망은 있는가 C. 맥퍼슨/이상두
18. 지식인의 양심 A. 토인비(외)/임헌영
19. 아웃사이더 C. 윌슨/이성규
20. 미학과 문화 H. 마르쿠제/최현·이근영
21. 한일합병사 야마베 겐타로/안병무
22. 이데올로기의 종언 D. 벨/이상두
23. 자기로부터의 혁명 ① J. 크리슈나무르티/권동수
24. 자기로부터의 혁명 ② J. 크리슈나무르티/권동수
25. 자기로부터의 혁명 ③ J. 크리슈나무르티/권동수
26. 잠에서 깨어나라 B. 라즈니시/길연
27. 역사학 입문 E. 베른하임/박광순
28. 법화경 이야기 박혜경
29. 융 심리학 입문 C.S. 홀(외)/최현
30. 우연과 필연 J. 모노/김진욱
31. 역사의 교훈 W. 듀란트(외)/천희상
32. 방관자의 시대 P. 드러커/이상두·최혁순
33. 건전한 사회 E. 프롬/김병익
34. 미래의 충격 A. 토플러/장을병
35. 작은 것이 아름답다 E. 슈마허/김진욱
36. 관심의 불꽃 J. 크리슈나무르티/강옥구
37. 종교는 필요한가 B. 러셀/이재황
38. 불복종에 관하여 E. 프롬/문국주
39. 인물로 본 한국민족주의 장을병
40. 수탈된 대지 E. 갈레아노/박광순
41. 대장정―작은거인 등소평 H. 솔즈베리/정성호
42. 초월의 길 완성의 길 마하리시/이병기
43. 정신분석학 입문 S. 프로이트/서석연
44. 철학적 인간 종교적 인간 황필호
45. 권리를 위한 투쟁(외) R. 예링/심윤종·이주향
46. 창조와 용기 R. 메이/안병무
47. 꿈의 해석(상)(하) S. 프로이트/서석연
48. 제3의 물결 A. 토플러/김진욱
49. 역사의 연구① D. 서머벨 엮음/박광순
50. 역사의 연구② D. 서머벨 엮음/박광순
51. 건건록 무쓰 무네미쓰/김승일
52. 가난이야기 가와카미 하지메/서석연
53. 새로운 세계사 마르크 페로/박광순
54. 근대 한국과 일본 나카스카 아키라/김승일
55. 일본 자본주의의 정신 야마모토 시치헤이/김승일·이근원
56. 정신분석과 듣기 예술 E. 프롬/호연심리센터
57. 문학과 상상력 콜린 윌슨/이경식
58. 에르푸르트 강령 칼 카우츠키/서석연
59. 윤리와 유물사관(외) 칼 카우츠키/서석연

▶ 계속 펴냅니다

어머니 아버지가 보았던 책, 다시 갈고닦았습니다.

사르비아 총서
1977~2021

'범우 사르비아문고'에서 편집체제와 판형 및 내용을 대폭 개선한 '사르비아총서'까지 독자 여러분의 사랑을 받아 온 지도 40년이 되었습니다. 앞으로도 '사르비아총서'는 독자여러분의 사랑과 성원 속에 '일반교양도서'시리즈로 확고히 자리매김하여 선구자적인 역할을 다할 것입니다.

인물·전기

101 백범일지 김 구 지음
102 만해 한용운 임중빈 지음
103 도산 안창호 이광수 지음
104 단재 신채호 일대기 임중빈 지음
105 프랭클린 자서전 B. 프랭클린 지음/양수정 옮김
106 마하트마 간디 로맹 롤랑 지음/최현 옮김
107 안중근 의사 자서전 안중근 지음
108 이상재 평전 전택부 지음
109 윤봉길 의사 일대기 임중빈 지음
110 디즈레일리의 생애 앙드레 모루아 지음/이정림 옮김
111 윤관 장군과 북벌 임중빈 지음
112 윤용하 일대기 박화목 지음
113 위대한 예술가의 생애 로맹 롤랑 지음/이정림 옮김

한국고전·신소설

201 목민심서 정약용 지음/이민수 옮김
202 춘향전심청전 작자 미상/이상보 주해
203 난중일기 이순신 지음/이민수 옮김
204 호질양반전허생전(외) 박지원(외) 지음/이민수 옮김
205 혈의 누은세계모란봉 이인직 지음
206 토끼전옹고집전(외) 작자 미상/전규태 주해
207 사씨남정기서포만필 김만중 지음/전규태 옮김
208 보한집 최자 지음/이상보 옮김
209 열하일기 박지원 지음/전규태 옮김
210 금오신화화왕계(외) 김시습설총(외) 지음/이민수 역주
211 귀의 성 이인직 지음
212 금수회의록공진회(외) 안국선 지음
213 추월색자유종설중매 최찬식·이해조·구연학 지음
214 홍길동전전우치전임진록 허 균(외) 지음/전규태 옮김
215 구운몽 김만중 지음/전규태 옮김
216 한국의 고전명문선 최세원(외) 지음/이민수 역주
217 흥부전조웅전 작자 미상/전규태 주해
218 북학의 박제가 지음/김승일 옮김
219 삼국유사(상) 일 연 지음/이민수 옮김
220 삼국유사(하) 일 연 지음/이민수 옮김
221 인현왕후전 작자 미상/전규태 옮김
222 계축일기 작자 미상/전규태 옮김
223 한중록 혜경궁 홍씨/전규태 옮김
224 치악산 이인직 지음

한국문학(근·현대소설)

301 압록강은 흐른다 이미륵 지음/전혜린 옮김
302 그래도 압록강은 흐른다 이미륵 지음/정규화 옮김
303 이야기(외) 이미륵 지음/정규화 옮김
304 태평천하 채만식 지음
305 탈출가홍염(외) 최서해 지음
306 무영탑(상) 현진건 지음
307 무영탑(하) 현진건 지음
308 벙어리 삼룡이(외) 나도향 지음
309 날개권태중생기(외) 이 상 지음
310 낙엽을 태우면서(외) 이효석 지음
311 상록수 심훈 지음
312 동백꽃소낙비(외) 김유정 지음
313 빈처(외) 현진건 지음
314 백치 아다다(외) 계용묵 지음
315 탁류(상) 채만식 지음
316 탁류(하) 채만식 지음
317 이범선 작품선 이범선 지음
318 수난이대(외) 하근찬 지음
319 감자배따라기(외) 김동인 지음
320 사랑 손님과 어머니 주요섭 지음
321 메밀꽃 무렵(외) 이효석 지음
322 삼대 (상) 염상섭 지음
323 삼대 (하)
324 패강랭(외) 이태준 지음

국립중앙도서관 추천도서(1982·1992)　　서울시립남산도서관 중고교생 독서 권장도서(1985)　　문화부 추천도서(1991)
새마을문고운동 선정도서(1983·1985)　　중앙일보 독후감 선정도서(1987)　　대한출판문화협회 이달의 도서(1991)
대한출판문화협회의 청소년도서(1984)　　한국출판금고 청소년들에게 권하는 책 선정(1990)　　서울대 추천고전 200선 선정도서(1993)
　　　한국 출판인회의 청소년 교양도서(2003)

사르비아총서 중에는 40년간 추천 및 선정된 도서가 많습니다

한국문학 (시수필)

401　효후　피천득 외 31인 지음
402　김소월시집　김소월 지음
403　역사를 빛낸 한국의 여성　안춘근 엮음
404　독서의 자식　안춘근 지음
405　윤동주시집　윤동주 지음
406　한시가 있는 에세이　정진권 지음
407　이육사의 시와 산문　이육사 지음
408　님의 침묵　한용운 지음
409　옛시가 있는 에세이　정진권 지음
410　한국의 옛시조　이상보 지음
411　시조에 깃든 우리 얼　최승범 지음
412　한국고전 수선　정진권 지음
413　환경에세이·병든 바다 병든 지구　김지하(외) 지음
414　에세이 중국고전　정진권 지음
415　한국 한시선　정진권 지음
416　김영랑시집　김영랑 지음

동양문학

501　아큐정전(외)　루쉰 지음/허세욱 옮김
502　삼국지(상)　나관중 지음/최 현 옮김
503　삼국지(중)　나관중 지음/최 현 옮김
504　삼국지(하)　나관중 지음/최 현 옮김
505　설국·천우학　가와바타 야스나리 지음/김진욱 옮김
506　법구경 입문　미츠바라 타이도 지음/박혜경 옮김
507　채근담　홍자성 지음/최 현 옮김
508　수호지(상)　사내암 지음/최 현 옮김
509　수호지(중)　사내암 지음/최 현 옮김
510　수호지(하)　사내암 지음/최 현 옮김
511　천자문　주흥사 지음/안춘근 엮음

서양문학

601　인간의 대지·젊은이의 편지　생텍쥐페리 지음/조규철·이정림 공역
602　기탄잘리　타고르 지음/김양식 옮김
603　외투·코·초상화　고골리 지음/김영국 옮김
604　맥베스·리어왕　셰익스피어 지음/김진욱 옮김
605　로미오와 줄리엣(외)　셰익스피어 지음/양own숙 옮김
606　어린 왕자(외)　생텍쥐페리 지음/이정림 옮김
607　예언자·영가 칼릴 지브란 지음/유제하(외) 옮김
608　서머셋 몸 단편선　서머셋 몸 지음/이호성 옮김
609　토마스 만 단편선　토마스 만 지음/지명렬 옮김
610　이방인·전락　A.카뮈 지음/이정림 옮김
611　노인과 바다(외)　헤밍웨이 지음/김회진 옮김
612　주홍글씨　N. 호손 지음/이장환 옮김
613　포 단편선　애드거 A. 포 지음/김병철 옮김
614　명상록　M. 아우렐리우스 지음/최 철 옮김
615　잔잔한 가슴에 파문이 일때(외)　루이제 린저 지음/홍경호 옮김
616　싯다르타　헤르만 헤세 지음/홍경호 옮김
617　킬리만자로의 눈(외)　헤밍웨이 지음/오미애 옮김
618　별·마지막 수업(외)　알퐁스 도데 지음/정봉구 옮김
619　젊은 시인에게 보내는 편지　R. M. 릴케 지음/홍경호 옮김
620　니체의 고독한 방황　니체 지음/최혁순 옮김
621　이상한 나라의 앨리스　루이스 캐롤 지음/김성렬 옮김
622　헤세의 명언　헤르만 헤세 지음/최혁순 옮김
623　인간의 역사　M. 일린(외) 지음/이순권 옮김
624　사람은 무엇으로 사는가　톨스토이 지음/김진욱 옮김
625　좁은 문　앙드레 지드 지음/이정림 옮김
626　대지　펄 벅 지음/최 현 옮김
627　야간비행(외)　생텍쥐페리 지음/조규철·전채린 옮김
628　여자의 일생　모파상 지음/이정림 옮김
629　그리스·로마 신화　토머스 불핀치 지음/최혁순 옮김
630　위대한 개츠비　스콧 피츠제럴드 지음/송관식 옮김
631　젊은이의 변모　한스 카로사 지음/박환덕 옮김
632　마지막 잎새(외)　O. 헨리 지음/송las 옮김
633　어떤 미소　F. 사강 지음/정봉구 옮김
634　수레바퀴 아래서　헤르만 헤세 지음/박환덕 옮김
635　슬픔이여 안녕　F. 사강 지음/이정림 옮김
636　마음의 파수꾼　F. 사강 지음/방 곤 옮김
637　모파상 단편선　모파상 지음/이정림 옮김
638　데미안　헤르만 헤세 지음/박환덕 옮김
639　독일인의 사랑　막스 뮐러 지음/홍경호 옮김
640　젊은 베르테르의 슬픔　괴테 지음/지명렬 옮김
641　늪탓집 처녀(외)　라겔뢰프 지음/홍경호 옮김
642　갈매기의 꿈(외)　리처드 바크 지음/김진욱·양은숙 옮김
643　폭풍의 언덕　E. 브론테 지음/윤삼하 옮김
644　모모(상)　미하엘 엔데 지음/서석연 옮김
645　모모(하)　미하엘 엔데 지음/서석연 옮김
646　북경에서 온 편지　펄 벅 지음/김성렬 옮김
647　페터의 산문　페터 지음/이성호 옮김
648　아름다워라 청춘이여　헤르만 헤세 지음/박환덕 옮김
649　호반·황태자의 첫사랑　슈토름 지음/홍경호 옮김
650　첫사랑·짝사랑　투르게네프/이 철 옮김
651　가든 파티　맨스필드/김회진 옮김
652　체호프 단편선　A.체호프/박형규 옮김

역사·철학·기타

701　철학 사상 이야기(상)　현대사상연구회 엮음
702　철학 사상 이야기(하)　현대사상연구회 엮음
703　사랑의 기술　에리히 프롬 지음/정성호 옮김
704　탈무드　마빈 토케이어 지음/정진태 옮김
705　문장강화　이태준 지음

각권 값 6,000원

범우 큰글자책

중용·대학
차주환 옮김

〈논어〉, 〈맹자〉와 함께 현대인들에게 권하는 동양사상의 진수!
〈대학〉은 중국 고대의 최고 학부인 대학의 교육이념을 적어놓은 책이며, 〈중용〉은 철저한 합리주의를 지향하는 실천철학을 다룬 글이다. 정신수양과 덕의 실천방법을 제시한 〈대학〉과 유교의 철학개론서라고 할 수 있는 〈중용〉은 〈논어〉, 〈맹자〉와 더불어 동양철학의 심오함과 성인의 예지가 실려있는 고전이다.
변형국판 | 185쪽 | 값 10,000원

노자 도덕경
노자 지음 | 황병국 옮김
❖ 문화관광부·한국도서관협회 선정도서

중국 문화 사상에 지대한 영향을 미친 노자와 무위자연의 사상! 노자와 그의 철학이 담겨 있는 '도덕경'을 풀이하였다. 이 책은 총 81장의 간단한 운문체의 문장으로 기술되어 있다.
변형국판 | 176쪽 | 값 10,000원

장자
장자 지음 | 허세욱 옮김

장자는 학식이 깊고 넓으며 사유가 민첩하고 상상력이 풍부했다. 그는 당시 학자들과 교류가 많지 않았으며, 혜시惠施가 장자의 변론을 즐기는 친구였다. 본서는 두 사람이 강가에서 물고기의 즐거움에 대해 논쟁하는 이야기를 담고 있다.
변형국판 | 164쪽 | 값 10,000원

채근담
홍자성 지음 | 최현 옮김
❖ 문화관광부·한국도서관협회 선정도서

어지러운 시대를 진실하게 살아간 선비의 생활백서로, 나무뿌리처럼 담백한 지혜로움이 담겨있다. 이 책은 속세를 떠나지 않고도 진리를 깨치며 사람을 멀리 하지 않고도 높은 뜻을 간직하는 길을 알려준다.
변형국판 | 282쪽 | 값 10,000원

명상록
마르쿠스 아우렐리우스 지음 | 최현 옮김
❖ 문화관광부·한국도서관협회 선정도서

로마제국의 황제로 스토아 철학에 심취했던 마르쿠스 아우렐리우스(121-180)가 자기 자신과 싸우면서 기록한 유명한 글로, 세월이 흘러도 영원히 살아있는 그의 숭고하고 고매한 양심을 느낄 수 있다.
변형국판 | 204쪽 | 값 10,000원

이퇴계의 활인심방
정숙 엮음
❖ 문화관광부·한국도서관협회 선정도서

《활인심방活人心方(원제활인심)》은 퇴계 이황선생이 평생 단련한 심신수련서로, 목숨을 다하는 순간까지 병들지 않은 육체와 온건한 정신을 지닌 '활인活人'으로 살아가기 위한 철학이 담겨있다.
변형국판 | 160쪽 | 값 10,000원

인생의 선용
존 러보크 지음 | 한영환 옮김

19세기 산업혁명에 대한 정신혁명이 일고 있는 시대 상황을 배경으로 진정한 행복의 철학을 추구하며 탄생된 베스트셀러 작품. 본문 전체에 걸쳐 경험적인 삶의 지혜와 생활의 방식이 담겨있다.
변형국판 | 212쪽 | 값 10,000원

세계의 신화 Myths of World

게르만 신화와 전설 라이너 테츠너 지음/성금숙 옮김　북유럽의 신들은 결코 벌을 주는 신, 즉 두려움을 불러일으키는 위력의 존재로 묘사되지 않는다. 그들은 인간들로부터 무조건 굴종을 요구하지도 않는다. 오히려 신과 인간의 관계는 부모와 자식 사이처럼 허물이 없다. 신들도 인간적인 속성을 지니고 있으며 그들은 불면의 존재도 아니고, 그렇다고 전지전능하지도 않다. 그들은 사랑할 만한 약점들을 지닌 존재이다. 신국판 · 670쪽 · 값 20,000원

유럽 신화 재클린 심슨 지음/이석연 옮김　'신화'의 주요 특징들은 유럽 전역에 걸쳐 매우 일관되게 나타난다. 그것들을 연구한 이 책은, 초자연적 존재에 대한 신앙들이 어떻게 오늘날까지 대중문화에 의미 있는 요소로 작용하게 되었는지를 보여주는 참으로 흥미진진한 내용을 담고 있다. 신국판 · 360쪽 · 값 12,000원

이집트 신화 베로니카 이온스 지음/심재훈 옮김　이 책은 이집트 여러 지역에 있는 고유의 창조 신화를 다루고 있다. 눈이나 아툼, 라 등과 같은 태초의 신, 네케베트와 아몬, 아텐 등의 파라오와 왕국의 수호신, 프타와 세크메트 등의 창조와 다산 · 출생을 담당하는 신, 세케르와 셀케트 등의 죽음의 신과 같은 여러 신들이 등장한다. 특히 각 지역별 신들에 대한 숭배는 고대 이집트의 왕권 확립 및 계승, 당시의 정치 제도 및 사상, 생활을 엿볼 수 있게 한다. 신국판 · 356쪽 · 값 13,000원

인도 신화 베로니카 이온스 지음/임 웅 옮김　수천 년 동안 군사적으로 우월했던 침략자들이 대부분 북서쪽에서 인도 대륙으로 침입해 들어왔는데 11세기경 무슬림을 제외하고는 대부분의 침략자들이 인도에 동화되었다. 침략자들은 그들이 정복했던 민족의 보다 선진적이고 깊이 뿌리내린 문화에 영향을 미침으로써 신과 신화가 더해졌다. 아리안족 또는 베다족의 신들과 드라비다족의 토착신들이 뒤섞이면서 힌두교 뿌리가 갖춰졌다. 신국판 · 384쪽 · 값 13,000원

스칸디나비아 신화 엘리스 데이비슨 지음/심재훈 옮김　이 책의 주요 대상이 되는 지역은 노르웨이, 덴마크, 스웨덴, 아이슬란드다. 핀란드 서부가 포함되는 스칸디나비아 반도를 중심으로 하고 있는데 북유럽 지역을 포괄하는 신화로 볼 수 있다. 거칠고 추운 자연환경을 극복하면서 그들 스스로 만들어 간 문화 및 그 변화 과정이 스칸디나비아 신화의 내용에 그대로 나타나 있다. 이 책에서는 〈에다〉를 주요 전거로 삼고 있으며, 이는 북유럽 신화 기본 자료이기도 한다. 신국판 · 316쪽 · 값 12,000원

아프리카 신화 지오프레이 파린더 지음/심재훈 옮김　아프리카는 크게 이집트 지역과 사하라 사막 이남의 '블랙 아프리카'로 나뉜다. 이집트는 역사적으로나 문화적으로 중지중해와 서남아시아 지역과 더욱 밀접한 연관을 맺어왔다. 이 책은 사하라 사막 이남의 이른바 '블랙 아프리카' 지역과 그 주민들을 자체의 역사, 신화, 문화 등을 올바르고 상세하게 그리고 있어, 소외된 아프리카에 대한 신화를 풍부하게 접할 수 있는 기회를 제공해준다. 신국판 · 316쪽 · 값 12,000원

중국 신화 앤소니 크리스티 지음/김영범 옮김　중국의 신화속에는 인간과 세계의 원형적인 모습과 근원적인 물음들이 날실과 씨실로 짜여 녹아들어 있고, 이 지상의 일시적인 시간성을 초월하려는 웅대한 상징과 꿈이 담겨 있다. 세상이 열리고 영웅이 등장하며, 인간의 육체와 정신을 뛰어넘는 괴설이 등장한다. 신국판 · 262쪽 · 값 13,000원

범우 희곡선

연극·영화·예술에 관심있는 독자들의 필독서

세일즈맨의 죽음 아서 밀러/오화섭
코카시아의 백묵원 베르톨트 브레히트/이정길
몰리에르 희곡선 몰리에르/민희식
간계와 사랑 프리드리히 실러/이원양
욕망이라는 이름의 전차 테네시 윌리엄스/신정옥
에쿠우스 피터 셰퍼/신정옥
뜨거운 양철지붕 위의 고양이 테네시 윌리엄스/오화섭
유리 동물원 테네시 윌리엄스/신정옥
빌헬름 텔 프리드리히 실러/한기상
아마데우스 피터 셰퍼/신정옥
탤리 가의 빈집(외) 랜퍼드 윌슨/이영아
인형의 집 헨릭 입센/김진욱
산불 차범석
황금연못 어니스트 톰슨/최현
민중의 적 헨릭 입센/김석만
태(외) 오태석
군도 프리드리히 실러/홍경호

알라신의 마지막 이름 귄터 아이히/김광규
유령 헨릭 입센/김진욱
느릅나무 밑의 욕망 유진 오닐/신정옥
지평선 너머 유진 오닐/오화섭
굴원 곽말약/강영매(외)
채문희 곽말약/강영매(외)
새야 새야 파랑새야 차범석
피그말리온 버나드 쇼/신정옥
억척어멈과 그 자식들 베르톨트 브레히트/이연희
벚꽃동산 안톤 체호프/홍기순
황색여관 이강백
키친 아놀드 웨스커/이태주
사랑과 죽음의 유희 로맹 롤랑/유호식
밤주막 막심 고리키/장윤선
피의 결혼 F.로르카/정선옥
한여름 밤의 꿈 W.셰익스피어/이태주
햄릿 W.셰익스피어/이태주
밤으로의 긴 여로 유진 오닐/황문문
서푼짜리 오페라 베르톨트 브레히트/김화임
갈매기 안톤 체호프/홍기순
바냐 아저씨 안톤 체호프/홍기순
세 자매 안톤 체호프/홍기순
구리 이순신 김지하
어디서 무엇이 되어 만나랴 최인훈
오이디푸스 왕 소포클레스/황문수

◀ 계속 펴냅니다